NOUVELLES AFFAIRES AFRICAINES

DU MÊME AUTEUR

Pétrole, la troisième guerre mondiale, Calmann-Lévy, 1974.
Après Mao, les managers, Fayolle, 1977.
Bokassa Ier, Alain Moreau, 1977.
Les Émirs de la République, en collaboration avec Jean-Pierre Séréni,
  Seuil, 1982.
Les Deux Bombes, Fayard, 1982 ; nouvelle édition, 1991.
Affaires africaines, Fayard, 1983.
V, enquête sur l'affaire des « avions renifleurs »..., Fayard, 1984.
Les Chapellières, Albin Michel, 1987.
La Menace, Fayard, 1988.
L'Argent noir, Fayard, 1988.
L'Homme de l'ombre, Fayard, 1990.
Vol UT 772, Stock, 1992.
Le Mystérieux Docteur Martin, Fayard, 1993.
Une jeunesse française, François Mitterrand, 1934-1947, Fayard, 1994.
L'Extrémiste, François Genoud, de Hitler à Carlos, Fayard, 1996.
TF1, un pouvoir, avec Christophe Nick, Fayard, 1997.
Vies et morts de Jean Moulin, Fayard, 1999.
La Diabolique de Caluire, Fayard, 1999.
Bethléem en Palestine, avec Richard Labévière, Fayard, 1999.
Manipulations africaines, Plon, 2001.
Dernières volontés, derniers combats, dernières souffrances, Plon, 2002.
Marcel Dassault ou les ailes du pouvoir, avec Guy Vadepied, Fayard,
  2003.
La Face cachée du Monde. *Du contre-pouvoir aux abus de pouvoir*,
  avec Philippe Cohen, Mille et une nuits, 2003.
Main basse sur Alger : enquête sur un pillage, juillet 1830, Plon, 2004.
Noires fureurs, blancs menteurs : Rwanda 1990-1994, Mille et une
  nuits, 2005.
L'Accordéon de mon père, Fayard, 2006.
L'Inconnu de l'Élysée, Fayard, 2007.
Le Monde selon K., Fayard, 2009.
Carnages. Les guerres secrètes des grandes puissances en Afrique, Fayard,
  2010.
*La République des mallettes. Enquête sur la principauté française de
  non-droit*, Fayard, 2011.
Le Pen. Une histoire française, avec Philippe Cohen, Robert Laffont,
  2012.
Kosovo. Une guerre « juste » pour un État mafieux, Fayard, 2013.
*Une France sous influence. Quand le Qatar fait de notre pays son terrain
  de jeu*, avec Vanessa Ratignier, Fayard, 2014.

Pierre Péan

Nouvelles
Affaires africaines

Mensonges et pillages au Gabon

Fayard

Couverture : Antoine Du Payrat

ISBN : 978-2-213-68592-2

À mon ami Jean-Marc Ekoh,
toujours debout !

1.

Un « enfant » de Foccart

Ali Bongo, actuel chef de l'État gabonais, est une création de Jacques Foccart, le tout-puissant conseiller du général de Gaulle qui avait la haute main sur la politique africaine de la France et sur ses services secrets. Né dans l'ex-province nigériane du Biafra, Ali fut recueilli à Libreville, et ce sont les « réseaux Foccart » qui convainquirent Albert Bongo, président en exercice, de l'adopter. Cette adoption constitue un épisode de la guerre secrète menée par la France pour aider les Biafrais à faire sécession d'avec la fédération du Nigeria : la déclaration d'indépendance, fin mai 1967, a été suivie d'une guerre civile qui ne s'est achevée qu'en janvier 1970.

Jacques Foccart était alors encore au faîte de sa puissance. Le Gabon, disait-on, c'était même *Foccartland*. Pour comprendre dans quelle mesure le Gabon était « sa chose », et à quel point Albert

Bongo[1] ne pouvait rien lui refuser, il faut remonter au coup d'État du 18 février 1964 qui avait destitué Léon M'Ba, son prédécesseur, premier président de la République gabonaise. Sous l'impulsion du général de Gaulle[2], de Foccart et de Pierre Guillaumat, patron d'Elf, l'armée française était alors intervenue pour chasser du pouvoir Jean-Hilaire Aubame et ses amis, installés à la tête du pays par les militaires. Léon M'Ba mais aussi Albert Bongo, son proche collaborateur, furent sortis de prison, et M'Ba recouvra ses fonctions. Le jeune Bongo, agent du SDECE (Service de documentation extérieure et de contre-espionnage) depuis la fin des années 1950, devint rapidement la coqueluche du « système Foccart » qui « néocolonisa » le Gabon avec le concours de force barbouzes, mais aussi avec un détachement opérationnel du service Action équipé de moyens radioélectriques et aériens, chargé d'assurer notamment la protection rapprochée de Léon M'Ba et son exfiltration éventuelle.

Très marqué par l'épisode de sa destitution, Léon M'Ba voit des complots partout et réclame une

---

1. Devenant président, il ajouta Bernard à son premier prénom, et ce n'est qu'en 1973, à la suite d'un voyage en Libye, qu'il devint musulman et remplaça Albert-Bernard par Omar.

2. Sur une dépêche de Paul Cousseran, ambassadeur de France au Gabon, expliquant que les putschistes gabonais n'étaient pas vraiment antifrançais et qu'il serait possible de dialoguer avec eux, le général de Gaulle écrivit dans la marge : « On ne discute pas avec les mutins, on les réduit… »

protection plus affirmée. Il confie à Bob Maloubier, ancien du service Action, le soin de constituer une Garde présidentielle (GP) qui, rapidement, protégera moins Léon M'Ba qu'Albert Bongo, en passe de prendre les rênes du pouvoir. Jacques Foccart a en effet appris par son ami le docteur Ducroquet, ancien réserviste du service Action, que les jours du président en place sont comptés : il est atteint d'un cancer à un stade avancé. Foccart songe aussitôt à promouvoir un successeur qui n'est autre que Bongo.

Il fait en outre nommer Maurice Delauney ambassadeur à Libreville. Celui-ci n'est pas un diplomate classique. Ancien administrateur de la France d'outre-mer, il a notamment maté dans le sang la révolte des Bamilékés, au Cameroun, entre 1956 et 1958. Foccart lui confie la mission d'assurer l'ordre public et de faire procéder aux changements constitutionnels permettant à Bongo de prendre sans heurts la succession de Léon M'Ba. Delauney s'installe au Gabon avec les pouvoirs d'un gouverneur. Il n'a pas à rendre compte de ses actes au Quai d'Orsay, mais relève du seul Foccart, secrétaire général aux Affaires africaines et malgaches.

M'Ba meurt à Paris en décembre 1967, et Bongo devient aussitôt président de la République, chef du gouvernement et secrétaire général du parti unique. Il se fait désormais appeler Albert-Bernard Bongo. Il est parfaitement conscient du fait qu'il est redevable de son pouvoir à Foccart, lequel peut ainsi tout faire et contrôler au Gabon.

Outre le tout-puissant Delauney, Jacques Foccart demande au lieutenant-colonel Maurice Robert, chef de service au SDECE, de mettre sur pied des services de sécurité performants. Sont ainsi constitués un service de contre-espionnage, des renseignements généraux, une police des étrangers (contre-ingérence, interceptions radio, écoutes téléphoniques...). Pierre Debizet, patron du Service d'action civique (SAC), deviendra peu après une pièce maîtresse du système sécuritaire foccarto-gabonais. Grâce à cette infrastructure, complétée par celle de la SPAFE[1], Foccart disposera au Gabon d'une véritable base extérieure de renseignements et d'action pour aider en sous-main le Biafra dans la guerre de sécession qui l'oppose à Lagos.

Le 30 mai 1967, le lieutenant-colonel Ojukwu proclame l'indépendance du Biafra, jusque-là Nigeria oriental. La mesure fait figure de véritable déclaration de guerre. Cette audace s'explique par l'appui clandestin apporté au Biafra par l'Espagne de Franco, le Portugal de Salazar et la France de... Foccart. L'Élysée estime en effet que le mastodonte africain menace l'équilibre des « protégés » de la France, notamment Félix Houphouët-Boigny, le président ivoirien. Foccart a nommé à Abidjan un

---

1. Société des pétroles d'Afrique équatoriale, qui deviendra Elf-Gabon.

fidèle collaborateur, Jacques Moricheau-Beaupré, connu comme « Monsieur Jean », pour coordonner les actions clandestines d'aide aux Biafrais. Il dispose à cette fin de moyens très importants. Il recrute le fameux mercenaire Bob Denard pour l'épauler.

Les États-Unis ont tôt fait de vendre la mèche par le biais d'un communiqué de leur ambassade à Lagos, repris par *Le Monde* du 17 juillet, affirmant qu'un bombardier B26 a été fourni par l'armée française et illégalement acheminé à Enugu, capitale du Biafra, par des pilotes français. Le 23 août, *Le Canard enchaîné* met en cause l'immixtion dans le conflit des barbouzes dépendant de Jacques Foccart. Le 16 octobre, un Super Constellation destiné au trafic d'armes s'écrase en mer entre Lisbonne et São Tomé, avec à son bord un pilote français. Le 27 octobre, Maurice Delauney écrit à Ojukwu pour lui faire part de l'arrivée d'une équipe du SDECE.

Le « gouverneur » doit se montrer encore prudent du fait de la situation politique : le Gabon ne peut encore constituer la base arrière des « guerriers de l'ombre ». Léon M'Ba agonise en effet à Paris, à l'hôpital Claude-Bernard. Foccart et Delauney doivent laisser quelques semaines au nouveau président gabonais pour s'installer au pouvoir, avant de l'embarquer dans la guerre secrète voulue et menée par la France.

Paris expédie en Côte d'Ivoire des armes qui sont immédiatement acheminées vers les sécessionnistes biafrais. Houphouët remercie le général de Gaulle. « Si Houphouët veut des armes pour lui, je veux bien lui en envoyer. Libre à lui, ensuite, de les envoyer au Biafra, mais je ne veux pas en envoyer au Biafra par son intermédiaire », dit le Général à Foccart le 5 janvier 1968[1]. Houphouët fait bientôt le siège de Bongo pour le convaincre de s'engager à son tour en faveur du Biafra. Le 25 avril, celui-ci déclare : « Il faut être prudent, il faut attendre. Il est encore trop tôt pour en parler. » Le tout jeune président – il n'a que trente-deux ans – redoute les conséquences d'un tel engagement, notamment les menaces de bombardement émanant du puissant Nigeria.

Houphouët et Foccart continuent à faire le forcing. Bongo finit par céder et reconnaît le Biafra le 8 mai 1968. Le général de Gaulle commente le même jour : « C'est très bien ! Bongo est un type courageux qui fait ce qu'il dit, ce qui est assez rare[2]. » Bongo n'avait tout simplement pas le choix !

Libreville va ainsi devenir la base arrière de l'aide à Ojukwu. C'est Bob Denard qui est chargé d'acheminer l'armement. Un chalutier, le *Cabo verde*, embarque de vieilles armes prélevées dans

---

1. In Jacques Foccart, *Le Général en Mai, Journal de l'Élysée*, tome 2, Fayard/Jeune Afrique, 1998.
2. *Ibid.*

les arsenaux français de Rochefort et Toulon, et d'autres sorties d'un arsenal espagnol. Il vogue, protégé de loin en loin par un escorteur de la marine nationale, puis il transborde sa cargaison sur des barges au large du Port-Môle, à Libreville. Débarquées dans le port, les armes sont ensuite transportées jusqu'à la base aérienne française située face au Tropicana, le restaurant bien connu en bord de mer. De là, elles sont expédiées nuitamment au Biafra à bord d'un appareil sud-africain ou gabonais...

C'est le 13 juillet 1968, d'après le mercenaire Rolf Steiner, que « le premier avion français chargé de munitions [...] venant du Gabon » atterrit à Uli, au Biafra. Toutes les nuits, on assiste à un véritable ballet aérien à partir de l'aéroport de Libreville. D'après le leader biafrais Ojukwu, il y a alors « plus d'avions atterrissant au Biafra que sur n'importe quel aérodrome d'Afrique, à l'exception de celui de Johannesburg ».

Dans *Kala-Kala*[1], Maurice Delauney fournit quelques détails sur cette opération. Il avait reçu de l'Élysée « les instructions nécessaires pour diriger, coordonner et animer tout ce qui devait être l'aide française au Biafra ». Libreville sert de plate-forme à cette aide, et plus précisément l'aéroport Léon M'Ba, d'où décollent, le soir, vers 23 heures, les

---

1. *Kala-Kala. De la grande à la petite histoire. Un ambassadeur raconte*, Robert Laffont, 1986.

appareils chargés d'acheminer jusque sur l'aéroport d'Uli – seul aéroport biafrais – les armes et les médicaments, suivis, un peu plus tard, des *French doctors*. Les avions s'en reviennent à Libreville au petit jour.

Cependant, Bongo prend peur. Il est réticent à l'idée de s'engager au-delà des opérations humanitaires[1]. D'autant que le général de Gaulle a décidé, pour sa part, de s'impliquer davantage aux côtés de deux pays alors au ban des nations, l'Afrique du Sud et la Rhodésie de Ian Smith. Sans parler du soutien du Caudillo et de Salazar. Bongo écrit début septembre au Général pour lui faire part de ses appréhensions. Le 6 septembre, le chef de l'État en parle à Foccart : « Il commence déjà à regretter son action... Enfin, il se pose des questions[2]... » Le 9 septembre, de Gaulle définit en ces termes son aide au Biafra : « La France, dans cette affaire, a aidé le Biafra dans la mesure de ses possibilités. Elle n'a pas accompli l'acte qui, pour elle, serait décisif : la reconnaissance de la République biafraise[3]. »

Mais Bongo ne peut plus enrayer la mécanique de son engagement. Delaunay continue à égrener

---

1. Encore que l'« aide humanitaire » ait servi à acheter des armes par le biais de la Croix-Rouge biafraise, ainsi que l'a raconté Ojukwu dans le documentaire *Histoires secrètes du Biafra*, de Joël Calmettes (2001).

2. Foccart, *Le Général en Mai*, *op. cit.*

3. *Ibid.*

ses souvenirs : « Au mois de septembre 1968, les premiers enfants biafrais furent évacués sur le Gabon. » Au début, c'est l'ordre de Malte qui a pris l'initiative de soustraire quelques gosses à la maladie, à la faim et à une mort certaine ; puis sont intervenus la Croix-Rouge française et le Comité français contre la Faim : « On vit arriver une centaine d'enfants, puis cent autres, puis deux à trois cents. » Les premiers sont hébergés dans la vieille église Sainte-Marie transformée en hôpital ; d'autres, dans des locaux trouvés en ville...

Maurice Delauney cite nombre de personnalités qui ont participé à cette aventure, mais il omet d'évoquer les « petites mains » sans lesquelles les opérations montées à Libreville n'auraient pu se poursuivre. D'abord, mère Jean Gabriel, petite sœur bleue de Castres, qui dirige l'Immaculée Conception : elle chapeautait l'ensemble des catholiques engagés dans cette aide aux enfants biafrais. Mais aussi l'abbé Camille Nzibe, évêque coadjuteur de Libreville. Et encore Paul Okili-Boyer, recruté à dix-huit ans pour participer à certaines missions à bord du DC3 de Transgabon : après s'être pénétré de quelques rudiments militaires au camp de Gaulle, il alla à quatre reprises au Biafra et en ramena des enfants qu'il faisait monter de nuit, en hâte, dans la carlingue ; il leur collait sur le visage des sparadraps où étaient inscrits quelques renseignements succincts sur leur identité, avant de les faire s'allonger... Okili-Boyer se rappelle que « ses » enfants étaient déposés à la mission Saint-André, dans des bâtiments proches de l'église. Des dortoirs de fortune y avaient été installés. Saint-André, situé aux Trois Quartiers, présentait l'avantage de ne pas être loin de l'aéroport Léon M'Ba. Puis d'autres enfants ont afflué sur d'autres avions pilotés par d'autres commandants de bord, dont certains de Transgabon – Jean-Claude Brouillet, patron de la compagnie, était lié aux services français. Dans la seule semaine du 18 au 25 septembre, un Super Constellation immatriculé F-BRAD a ainsi amené trois cents petits Biafrais. La cadence des arrivées devint telle que la France dut créer un hôpital militaire de campagne spécialement équipé pour leur accueil et leur traitement : deux cents lits, une salle d'opérations, soixante-dix personnes dont douze médecins, une vingtaine d'infirmières, des soldats du service de santé. Débarquèrent ainsi environ cinq mille enfants.

Afin de calmer Bongo, qui redoute toujours les conséquences de son soutien, Pierre Messmer, ministre des Armées, envoie par ailleurs cent cinquante parachutistes commandés par le capitaine Jean Varet.

Pour gérer l'arrivée en masse des petits Biafrais, le « gouverneur » lance un appel aux familles gabonaises et françaises afin d'héberger provisoirement les jeunes réfugiés. « Un grand mouvement de charitable solidarité permit ainsi de parer au plus pressé et de s'installer dans le provisoire. » Les familles Delauney et Bongo commencent par

donner l'exemple, raconte l'ambassadeur. La première accueille Christiane et Françoise[1]. «Le président Bongo héberge quelques enfants chez lui.»

S'estimant probablement encore tenu par le
devoir de réserve, Delauney ne fournit pas d'autres
détails. Il oublie de préciser que le 22 septembre
est arrivé à Libreville un certain Philippe Lettéron,
envoyé par Jacques Moricheau-Beaupré pour
coordonner les actions clandestines à partir de la
capitale gabonaise. Homme du système Foccart,
Lettéron s'est vu confier ce rôle grâce à ses liens
avec les soutiens occultes de l'opération française,
notamment Salazar, Franco, l'amiral Luis Carrero
Blanco, plus proche collaborateur du Caudillo,
mais aussi avec les Sud-Africains et les Rhodésiens.
Lettéron est accompagné par Gildas Lebeurrier,
chargé de la logistique avec un officier et une
dizaine de sous-officiers, tous anciens des troupes
coloniales ou du 11e choc. Lettéron et Lebeurrier
seront bientôt rejoints par Hubert Pinaton. Tous
ces acteurs ont été «oubliés» dans les Mémoires
de Maurice Delauney.

Lettéron est évidemment au courant du «flot-
tement» du président Bongo, dont il devient un
proche dès les jours suivants son arrivée. Il sait
que Joséphine Bongo n'a pas donné d'enfant à son
époux et qu'elle est probablement stérile. Et si le
président gabonais adoptait un petit Biafrais ?

---

1. Celle-ci est aujourd'hui médecin, installée en France.

« C'est Maurice Delauney qui a mis en œuvre cette idée de faire adopter des enfants biafrais par le président gabonais. Philippe Lettéron et "Monsieur Jean", son patron, installé à Abidjan, en sont probablement les instigateurs. L'idée est remontée jusqu'à Jacques Foccart, et la France a tout organisé », me raconte[1] un ancien cadre de la SPAFE que Delauney avait sollicité et convoqué pour lui expliquer les tenants et aboutissants de l'affaire.

Delauney quêtait de l'argent auprès des grosses sociétés de la place (SPAFE, Comilog, Comuf, Transgabon), de certains gros entrepreneurs, notamment dans les travaux publics, de gros forestiers (comme Roland Bru et le frère de Jean-Claude Brouillet, patron de Transgabon), pour compléter le financement requis par l'accueil massif d'enfants biafrais. Bongo réclama alors le remboursement des avances qu'il avait déjà consenties sur sa cassette personnelle. La comtesse d'Harcourt, qui dirigeait le Comité français contre la faim, impliqué dans cette opération, proposa, en octobre 1968, de rembourser Bongo sur les fonds (importants) que le Comité avait reçus[2]. Pierre Guillaumat, ancien ministre du général de Gaulle, président de la

---

1. Rencontre avec l'auteur, le 21 octobre 2013.

2. Mais Maurice Couve de Murville, ministre des Affaires étrangères, s'y opposa... Voir les archives de Philippe Lettéron, CARAN, 90 AJ 75.

société nationale Elf-Erap, avait déjà été sollicité, l'année précédente, pour venir en aide aux Biafrais. Devant verser des redevances au Nigeria, il en avait détourné une partie au bénéfice du Biafra ; mais, depuis le printemps, il se faisait tirer l'oreille. « Il attend de voir venir pour savoir de quel côté la balance va pencher », avait, le 4 mai, ironisé de Gaulle[1]. À l'époque, Delauney tendait donc à nouveau sa sébile au groupe pétrolier, via la SPAFE, mais aussi à quelques autres représentants de sociétés implantées au Gabon.

« L'ambassadeur Delauney m'a expliqué qu'il faisait pression sur le président Bongo pour qu'il adopte un enfant et qu'on le sache, afin de pouvoir communiquer sur cette adoption. Les autorités françaises utilisaient alors beaucoup le drame vécu par les enfants biafrais pour mobiliser les Français. Vous vous rappelez ces photos terribles d'enfants au ventre ballonné... », poursuit mon interlocuteur, ex-cadre de la SPAFE.

Des propos qui coïncident avec les confidences faites par Philippe Lettéron à un de ses proches qui a passé lui aussi de nombreuses années à Libreville.

Les origines d'Alain Bongo n'ont posé aucun problème pendant de nombreuses années. Tous les Français qui travaillaient au Gabon à la fin des années 1960 étaient au courant. Mais la question est devenue taboue lors de la campagne présidentielle

---

1. Foccart, *Le Général en Mai, op. cit.*

de 2009. Aujourd'hui, la plupart des protagonistes de l'époque sont morts, et ceux qui sont encore en vie ont toujours des liens avec le Gabon, soit pour y travailler, soit pour y retourner en vacances, si bien que, avant de parler, ils réclament le *off*.

À une exception notable. Une Gabonaise mariée à un Français, Christine Magnat, a accepté de se rappeler à visage découvert. Travaillant alors pour la Croix-Rouge française, elle adopta, elle aussi, deux petits Nigérians qui étaient arrivés à Libreville en même temps qu'Alain : Béatrice, qui vit aujourd'hui en région parisienne, et Georges, installé à Lyon.

Lorsque j'avais mené mon enquête pour *Affaires africaines*[1], l'adoption d'Alain était encore un non-sujet, et j'avais donc évoqué le fait de façon anecdotique. Des officiers généraux des Forces armées nigérianes, notamment deux anciens chefs d'État, Ibrahim Badamasi Babangida et Sani Abacha, connaissent l'histoire d'Ali, un Ibo issu d'une famille catholique de l'ex-Biafra. Plusieurs ont confié ce faux secret à l'un de mes proches. Ils lui ont raconté qu'Ali est même revenu dans son village natal, accompagné de « la Chanteuse » (sa mère adoptive, Joséphine Bongo, rebaptisée Patience Dabany après sa séparation), et y a revu sa vraie famille. Depuis quelques mois, tous sont l'objet de fortes pressions, notamment de la part de hauts dignitaires de la

---

1. Publié en 1983 chez Fayard.

Grande Loge nationale de France et de la Grande Loge du Gabon, pour qu'ils ne fassent pas état publiquement des origines réelles d'Ali.

Deux petits Biafrais ont donc été choisis à la mission Saint-André, située près de l'hôtel de la Résidence. Le petit garçon et sa sœur ont été recueillis dans la famille de Pierre Fanguinovény, installée à proximité, à Batterie IV. Pierre Fanguinovény, que j'ai connu, travaillait alors à la présidence avec le titre d'ambassadeur itinérant. Les deux jeunes Nigérians ont passé là près de trois semaines, couchant dans la chambre de Michel, un fils de Pierre, qui s'en souvient fort bien : « Les deux enfants ne parlaient pas alors un mot de français. La petite fille était plus grande que le garçon... Une voiture de la présidence est venue chercher les deux enfants. » Le petit Nigérian va devenir Alain Bongo[1].

Cet accueil d'enfants biafrais au sein de la famille du président gabonais a-t-il un lien avec le nom de code *Big Papa* utilisé par le lieutenant-colonel Ojukwu pour désigner Albert Bongo ? La loi gabonaise exigeant du ou des enfants une présence minimale d'un an dans la famille avant l'adoption officielle, Albert-Bernard et Joséphine Bongo entameront les démarches à la fin de 1969.

---

1. Voir la photo d'Alain dans sa famille adoptive en 1970, p. 241.

C'est sous l'impulsion de Jacques Foccart que la presse a été amplement manipulée dans l'affaire biafraise. Avec, pour culminer, l'utilisation du mot génocide pour décrire la situation vécue par les Biafrais. Bien des années plus tard, un grand manipulateur s'est exprimé devant les caméras : « Avec le mot génocide, nous avons manipulé la presse[1] », a en effet reconnu Maurice Robert, alors Monsieur Afrique du SDECE et proche de Jacques Foccart. L'adoption ayant constitué une pièce maîtresse dans le puzzle de la guerre secrète menée là-bas par la France, Foccart a notamment donné pour instruction de sensibiliser l'opinion à propos du sort des enfants. Bernard Kouchner s'est inscrit dans cette campagne en créant, aux derniers jours de 1968, le Comité de lutte contre le génocide au Biafra. Le mot génocide a été propagé par Paddy Davies, responsable biafrais de la propagande, via sa structure, la Markpress Biafran Overseas Press Division, subventionnée par les services secrets français : « Nous avons inventé le concept de "génocide" dans le but de sensibiliser et d'ébranler la conscience internationale. » Les services secrets français jouent un rôle important dans la diffusion de cette « information » par les médias. Comme le raconte froidement Davies, « c'était la première fois dans l'histoire de la guerre que la famine était utilisée comme arme de

---

1. In *Histoires secrètes du Biafra*, le documentaire de Joël Calmettes déjà cité.

propagande. C'est-à-dire retournée contre ceux qui en faisaient une arme de guerre. » Avant d'ajouter : « Sur le terrain, les journalistes étaient pris en charge et encadrés par Markpress Biafran Overseas Press Division, qui leur donnait à voir l'organisation des Biafrais, la résistance des combattants et surtout l'agonie des civils. Pour leur permettre de gagner du temps, les autorités allèrent jusqu'à créer un parc d'affamés : des centaines de personnes mouraient de faim dans cet enclos, attendant les caméras. En cette période, récemment marquée par de grands procès de criminels nazis (procès Eichmann en 1961, procès de Francfort 3 en 1963-1965[1]), les médias établirent un parallèle entre l'extermination des Juifs et le sort des Ibos, "Juifs" de l'Afrique, jusqu'à comparer le réduit biafrais avec le ghetto de Varsovie. »

Des propos confirmés par Joël Calmettes dans son documentaire réalisé sur le sujet : « Associé au Biafra, le mot "génocide" a été une commande des services secrets français. Ils ont demandé à leurs amis journalistes parisiens d'introduire le mot dans leurs reportages. Ensuite, l'information a été reprise dans le monde entier. » Propos corroboré par les confidences de Maurice Robert…

Par-delà le cas des deux enfants biafrais recueillis au sein de sa famille, Albert Bongo utilisera la

---

1. Ou second procès d'Auschwitz, où ont comparu 22 prévenus.

présence de quelque quatre mille enfants biafrais au Gabon pour négocier en position de force avec les dirigeants nigérians et capitaliser sur son action humanitaire. Le 13 janvier 1970, soit quelques jours après la fuite d'Ojukwu du Biafra vers Yamoussoukro (Côte d'Ivoire), Bongo donne une conférence de presse : « À un moment donné, on a dit que les armes passaient par le Gabon, mais je dis que le Gabon a une seule arme sur son territoire : ce sont les petits Biafrais qui sont chez nous. Ils savent qu'ils sont biafrais. Tôt ou tard, ils le sauront... Et je dis que la seule arme que le Gabon a contre le Nigeria, ce sont ces petits enfants, parce que l'histoire leur apprendra qu'ils sont Ibos et qu'ils ont été massacrés, exterminés, et, quel que soit le temps, nous reviendrons sur ce problème[1]... »

Bongo est accusé de chantage. Monseigneur Rodhain, président de Caritas, tempête dans le journal *La Croix* : « Ces enfants ne sont plus des orphelins. Ils appartiennent à une famille. Leur place normale est dans leur famille, dans leur milieu, dans leur tribu. »

Albert Bongo exige que le prince Sadruddin Aga Khan, pour le compte de l'ONU, serve de médiateur afin d'organiser le rapatriement des enfants.

Les structures clandestines mises en place pour la guerre du Biafra sont ensuite restées pour l'essentiel au Gabon. Bob Denard s'y est installé dans

---

1. Archives Lettéron, *op. cit.*

une ferme. Philippe Lettéron y est demeuré et y a recruté quelques collaborateurs. Il a également maintenu des liens avec Jack Malloch, ami de Ian Smith, et avec ses collaborateurs rhodésiens, ainsi qu'avec des Sud-Africains. Malloch a ainsi créé Affretair, une compagnie d'aviation qui, à partir de Libreville, a contourné l'embargo de l'ONU contre la Rhodésie. Connue sous le surnom d'« Air Bidoche », elle a notamment approvisionné le Gabon en viande en provenance de Rhodésie.

En 1977, Bob Denard et ses mercenaires ont mené une opération militaire destinée à déstabiliser le Dahomey. Plus généralement, le Gabon est resté pendant plusieurs années la base d'opérations secrètes menées dans toute l'Afrique centrale. Mais Bob Denard et Pierre Debizet ne vont pas se limiter à ce genre d'actions : ils vont également – principalement ? – aider le président Bongo à régler ses problèmes de couple...

2.

Le Gabon, encore et toujours

Cinquante-deux ans déjà que j'ai foulé la terre gabonaise pour la première fois, et trente et un ans que mon livre *Affaires africaines* a été publié. Ma relation avec le Gabon est un important fil rouge dans ma vie. Elle a commencé par une rencontre à bord d'une voiture de grande remise avec Jean-Marc Ekoh, alors ministre gabonais de l'Éducation nationale, au printemps 1962. Faisant office de chauffeur, je l'ai véhiculé à l'ambassade du Gabon et en différents ministères parisiens. Nous avons sympathisé. De retour dans son pays, il a conseillé à François Méyé, ministre des Finances, de me prendre à son tour comme chauffeur lors de son prochain voyage à Paris. Rapidement, Méyé m'a demandé si j'étais prêt à venir travailler au Gabon. « Si vous m'envoyez un billet et un contrat, j'arrive », ai-je répondu.

J'ai commencé mon travail là-bas comme attaché de cabinet. Le multipartisme était encore de
mise. Pas pour longtemps. Mes deux amis se sont
bientôt retrouvés dans l'opposition. Le coup d'État
militaire de février 1964 installa Ekoh au gouvernement. Pour quelques heures seulement. La France,
par la voix de Jacques Foccart, n'acceptant pas le
renversement de Léon M'Ba, fomenta un contre-
coup d'État pour le réinstaller au pouvoir. Mon
ami Ekoh m'écrivit du lieu qu'il appelait « camp
de concentration de Dom-lès-Bam », avant d'être
jugé lors du procès de Lambaréné. Par un heureux
hasard, Aristide Issembé, ambassadeur du Gabon
à Washington et à l'ONU, que je connaissais bien,
fut nommé procureur et me demanda de lui rédiger
l'introduction de son réquisitoire. Espérant pouvoir
faire porter la responsabilité du putsch sur les militaires plutôt que sur les civils qui avaient accepté de
combler le vide politique, j'acceptai après beaucoup
d'hésitations...

Pendant le coup d'État de février 1964 et jusqu'à
mon départ, dix mois plus tard, j'étais particulièrement bien renseigné sur la dégradation du climat
politique dans le pays. J'avais et possède toujours,
probablement, la plus riche collection de tracts dis-
tribués durant cette période troublée. J'avais noué
de solides amitiés avec des cadres gabonais qui,
pour la plupart, ont fait une belle carrière sous
Bongo, ce que leurs discours de l'époque ne lais-
saient pas présager.

Je n'ai toujours pas compris ce qui a motivé mon attachement pour le Gabon et les Gabonais. Moi qui me croyais profondément rationnel, j'ai été fasciné par leur univers magique. Mon livre de chevet était *Rites et croyances des peuples du Gabon*, d'André Raponda-Walker et Roger Sillans, publié par Présence africaine en 1962, année de mon arrivée à Libreville. J'ai toujours près de moi ce livre usé et surligné. Je m'étais évidemment intéressé au Grand Bwiti, la société secrète la plus connue du pays. « Toutes réserves quant aux difficultés d'obtention des informations mises à part, il semble à première vue que le but soit le souvenir dû aux grands ancêtres (ou à ceux du clan) dont le crâne ou les tibias sont précieusement conservés, écrit Raponda-Walker. Il est probable que dans cette société à laquelle appartiennent tous les personnages tant soit peu importants du village, on discute parfois de certains problèmes sociaux concernant le village ou le clan, ainsi que de ses rapports avec d'autres tribus, d'autres villages, avec les commerçants, planteurs ou coupeurs de bois des environs. Il est vraisemblable qu'autrefois on y discutait des rapports du village avec l'administration française. »

Ce qui m'intéressait vraiment venait après : « Les adeptes du Bwiti se vantent d'avoir une connaissance du monde et des choses plus vaste, voire même infiniment plus grande, que celle des autres hommes. Quoi qu'il en soit, il est à notre avis certain que cette connaissance, dont ils se targuent devant les profanes, ne consiste pas dans les cauchemars et les visions hallucinantes provoqués par l'absorption d'iboga[1] et les sensations voluptueuses qui s'ensuivent, car n'importe qui peut, sans être nécessairement affilié au Bwiti, obtenir le même résultat en mastiquant de l'iboga [...]. Il semble y avoir dans le Bwiti un enseignement ésotérique d'une importance peut-être insoupçonnée, qui, comme tous les enseignements initiatiques, dure la vie entière. »

Édouard Gondjout me faisait l'amitié de partager avec moi des bribes de son univers, que je trouvais aussi merveilleux que surprenant. Il me proposa même de me faire initier au Grand Bwiti. Avant que je n'accepte, la raison en moi reprit le dessus. Je me renseignai sur les rites d'initiation, notamment sur l'absorption d'un bol d'écorce d'iboga. J'en achetai au marché quelques grammes, les absorbai, et conclus qu'un bol entier me ferait littéralement exploser... Je compris alors que je ne réussirais jamais à appréhender dans sa globalité la réalité gabonaise, voire, plus généralement, africaine, à cheval sur deux mondes. Faute de comprendre celui de la nuit, j'ai modestement accepté de n'avoir du continent noir qu'une approche parcellaire. Je sais avec une quasi-certitude que l'approche occidentale, universaliste, ne saurait tenir

---

1. Écorce d'un arbre tropical aux effets aphrodisiaques.

lieu de passe-partout ouvrant toutes les portes de ce monde-là...

Ma première rencontre avec Omar Bongo date de 1964, au bar du Frigidaire, une boîte de nuit de Libreville située dans les sous-sols de l'hôtel de la Résidence. Bongo s'appelait encore Albert et n'était que directeur adjoint du cabinet de Léon M'Ba. J'exerçais alors les fonctions de chef de service au ministère des Affaires étrangères du Gabon. Le 12 décembre de cette année-là, *Le Monde* publia une lettre dans laquelle je racontais avoir été témoin de bastonnades d'opposants par Léon M'Ba en personne. Un Français, probablement des « services », me conseilla fortement, avant même la publication, de quitter Libreville au plus tard à la veille de Noël[1], faute de quoi je serais expulsé. Déjà, dans *Le Monde* daté du 17, était annoncée l'interdiction au Gabon du quotidien parisien par Georges Rawiri, alors ministre de l'Information. Je quittai le Gabon le 24 décembre et l'arrêté d'expulsion fut pris le 26...

Devenu journaliste économique, je revins plusieurs fois au Gabon avant 1981. Jean-Marc Ekoh crut innocemment que l'arrivée à l'Élysée de François Mitterrand allait changer les relations

---

1. J'ai su, un quart de siècle plus tard, qui, au *Monde*, avait livré mon nom au SDECE...

incestueuses entre son pays et la France. Il le cria haut et fort, et fut mis en prison. Je me démenai pour l'en faire sortir, agissant de concert avec Jacques Maury, président de la Fédération protestante de France. Sans succès. Je décidai alors de décrire le système néocolonialiste mis en place en Afrique par Jacques Foccart, en m'appuyant sur son exemple le plus caricatural : le Gabon. Je subis de très fortes pressions, françaises et gabonaises, pour renoncer à mon projet. De grosses sommes d'argent me furent proposées. L'entourage d'Omar Bongo essaya de me faire plier en se servant de Jean-Marc Ekoh. Je consultai Jacques Maury, qui m'encouragea à tenir bon, affirmant que son ami (protestant) Ekoh préférait sûrement la vérité à la liberté. *Affaires africaines* sortit en octobre 1983. Son succès fut à la mesure du scandale qu'il provoqua.

Omar Bongo fit porter la responsabilité de ce « brûlot » aux socialistes et à François Mitterrand. Pierre Mauroy, Roland Dumas et François de Grossouvre furent désignés pour éteindre l'incendie et tenter d'éviter une grave crise dans les relations entre Libreville et Paris. Le « clan des Gabonais » ne décolérait pas. J'eus une dizaine de procès à gérer avec mon éditeur. Les menaces physiques se succédèrent. Pour ne pas irriter Bongo, l'appareil d'État refusa de me protéger, et un conseiller de l'Élysée me recommanda même de quitter mon domicile avec ma famille. Nous nous réfugiâmes chez des amis parisiens qui habitaient quai de Bourbon, dans l'ancien appartement de Léon Blum, à charge pour moi de rester en contact avec un fonctionnaire de la préfecture de police dont on me donna le numéro de téléphone – mais sous un faux nom. Un peu plus tard, une charge explosive défonça la porte de mon garage. Dans un premier temps, le SRPJ de Versailles m'accusa d'avoir déposé moi-même cette « bombinette », avant, quelques jours plus tard – et sur intervention de Maurice Grimaud, directeur de cabinet de Gaston Defferre, ministre de l'Intérieur –, de déchirer le procès-verbal de l'audition, qui, dans un premier temps, me chargeait...

Puis, fin octobre 1984, un contrat fut mis sur ma tête à la demande de Libreville, avec la bénédiction d'amis politiques français d'Omar Bongo. Il avait été élaboré à Paris, rue d'Artois. Quelques années plus tard, j'ai retrouvé un exécutant de l'opération. Je sais les noms des principales personnes qui, d'une façon ou d'une autre, ont trempé dans ce projet, mais, faute de preuves écrites, je ne peux aller bien loin dans la relation de cette affaire. Un aperçu de la réalité a néanmoins été rendu public après la perquisition opérée en 1998 par la juge Eva Joly dans les bureaux de Jean-Pierre Daniel, au 42e étage de la tour Elf. Une note de Daniel[1] parlait

---

1. In *Libération* du 21 juillet 1998, article de Karl Laské : « Un été 98. À suivre : l'affaire Elf ».

en effet de ce projet d'assassinat : « André Tarallo confirme ce que P.P. m'avait appris : fin 1984, on a voulu l'assassiner. Depuis, il connaît l'exécuteur et le commanditaire. L'affaire devait être mise sur le compte du Gabon. A.T. m'apprend qu'il s'agit de B. B. qui s'occupe actuellement du Burundi. Il vient de voir Sassou et lui a proposé d'exécuter les opposants qui lui seraient désignés. » Daniel a commis là une légère erreur : il ne s'agit pas de B.B., mais de P.B.

Je continuais à rencontrer régulièrement le père spiritain Paul M'Ba Abessole, alors farouche opposant que j'avais croisé au cours de mon enquête pour *Affaires africaines*. Après le discours de La Baule du 26 juin 1990 liant l'aide aux progrès de la démocratie, et les débuts de l'ouverture politique dans les pays de l'ancien pré carré, j'ai encouragé M'Ba à rentrer au pays. Dès lors, j'ai tout fait pour l'aider. C'est dans ce cadre, persuadé qu'Omar Bongo était sincère dans ses déclarations sur le changement démocratique en cours, que j'ai poussé M'Ba à jouer le jeu après ses dix ans de bannissement.

Si je n'exclus pas, même aujourd'hui, qu'Omar Bongo ait été sincère, c'est que je pense qu'il était persuadé de gagner. L'élection présidentielle eut lieu début décembre 1993. Il aurait dû y avoir deux tours, mais, encouragé par l'ambassadeur Louis Dominici, Bongo se proclame élu dès le premier. Toutes les élections qui suivront seront pareillement truquées, y compris celle censée avoir adoubé Ali Bongo, successeur d'Omar.

Le duo AMO-ABO (André M'Ba Obame[1] et Ali Bongo Ondimba) prend de plus en plus d'importance au début des années 2000, à tel point qu'Omar Bongo le soupçonne souvent de vouloir l'éjecter. Pourtant, le « Vieux » a placé son fils et le gourou de celui-ci aux postes clés de la sécurité : la Défense et l'Intérieur. À partir de 2002, le président gabonais n'a plus la même énergie. Il supporte de moins en moins les attaques lancées contre lui, notamment depuis Paris.

Est-ce pour cette raison qu'il accepte de m'aider à rédiger un livre sur sa vision de l'Hexagone et des hommes politiques français, alors que j'avais déjà engrangé nombre d'anecdotes au cours de nos rencontres antérieures ? Il estimait que, après tout ce qu'il avait fait pour la France, celle-ci se montrait bien ingrate. N'avait-il pas, de surcroît, « arrosé » une bonne partie de ses élites ? Un arrosage souvent dispensé sous couleur d'aide au financement des partis. Comme à chaque élection présidentielle française, il mit encore généreusement la main à la poche en 2007. Il fut ensuite très

---

1. Proche d'Omar Bongo, dont il est ministre en 1990, il crée un « mouvement des Rénovateurs » au sein du Parti démocratique gabonais, devient ministre de l'Intérieur en 2005 et se présente à la présidentielle en 2009 après la mort d'Omar Bongo.

choqué par l'usage que fit Nicolas Sarkozy du mot rupture pour qualifier les relations à venir de Paris avec ce qu'on appelait alors la « Françafrique ».

Je l'ai revu en 2008. Il était on ne peut plus amer. Il ne supportait pas que certains hommes politiques qui avaient bénéficié de ses largesses jouent les chevaliers blancs. Pourquoi me suis-je alors retrouvé avec les preuves des sommes versées aux sociétés de Bernard Kouchner pour des travaux bidon[1] ? Bongo soupçonnait le pouvoir d'être à la manœuvre dans le déferlement des révélations sur les bien mal acquis (BMA), notamment à propos d'un reportage de France 2 diffusé début mars 2008. Il soupçonnait des proches de Sarkozy de comploter avec son fils Ali pour l'acculer à la sortie. Abattu par l'agonie et la mort de sa femme Édith, fille de Denis Sassou-Nguesso, il choisit un hôpital espagnol pour y mourir. Mon projet de livre resta donc en plan. Le 25 mai 2009, soit une quinzaine de jours avant sa mort, je lui adressai un tout dernier signe par courrier... Nos rapports avaient été tumultueux. Je crois savoir un peu qui il était – en partie nous-mêmes, qui avions bâti et perpétué l'empire –, et, au risque de choquer, je reconnais avoir été attristé quand, à Washington, j'appris sa mort.

---

1. Cf. *Le Monde selon K.*, Fayard, 2009. Kouchner était alors ministre des Affaires étrangères de Nicolas Sarkozy.

Mon premier contact indirect avec Ali Bongo, devenu président après un coup d'État électoral, fit suite à sa demande d'un démenti sur quelques lignes que j'avais naguère écrites dans *Affaires africaines*. Il était alors confronté à une contestation de son élection au titre de l'article 10 de la Constitution gabonaise, qui stipule qu'un enfant adopté ne peut devenir chef de l'État. Cette contestation s'appuyait en partie sur mon livre pour affirmer qu'Ali Bongo était nigérian et avait été adopté, enfant, par Omar Bongo. J'avais écrit ceci : « La propre épouse du président gabonais n'a pas non plus d'enfant. La progéniture de Bongo n'est pas de Marie-Joséphine. Ses enfants viennent d'autres lits, notamment ceux des sœurs de sa femme, ou ont été adoptés par le couple présidentiel lors de la guerre du Biafra. [...] Le patron du CIRMF (Centre international de recherches médicales de Franceville[1]) affirme que le centre a déjà trouvé certaines causes d'infertilité : parasites, paludisme, filaires... En attendant que le miracle – national et présidentiel – ait lieu, Marie-Joséphine Bongo hante les maternités du Gabon. C'est la seule activité inhérente à sa fonction qui lui tienne à cœur. Elle aime être prise en photo avec des bébés dans les bras. La présidente hante

---

1. Pour faire plaisir à Bongo, tracassé par la stérilité de nombreuses femmes gabonaises, notamment son épouse, Elf créa le CIRMF pour étudier les causes de l'infertilité des couples gabonais.

aussi, dit-on, les consultations des grands gynécologues, ceux de Franceville et d'ailleurs. » Je refusai
de démentir, sachant qu'Ali venait bel et bien du
Biafra...

Alors conseiller à la présidence du Gabon,
Guy-Bertrand Mapangou me contacte, fin
novembre 2010, après avoir lu mon livre *Carnages*[1],
plus précisément à propos de la thèse que j'y déve-
loppe sur les BMA. Il souhaite m'inviter à une
émission intitulée « Questions politiques », à la
Radio-télévision gabonaise, pour en parler. Tout
en sachant que passer à la télé officielle est casse-
gueule, j'accepte. Léon M'Ba parlait des « Gabonais
d'adoption » ; je crois en être un et ne pouvais
refuser l'idée de retourner « au pays ».

Le 3 décembre, je suis reçu par Ali Bongo
dès ma descente d'avion. À ses côtés, Maixent
Accrombessi, son directeur de cabinet. Je sens
d'emblée que celui-ci est tout-puissant et qu'il a
barre sur le président. Nous discutons d'abord de
l'affaire des BMA et de mon sentiment que le
Palais de justice français s'est érigé en ministère des
Colonies avec l'aide d'un nouveau type de lobby
colonial qui veut, comme au temps de Jules Ferry,
imposer ses idées à l'Afrique et aux Africains[2]. « Il

---

1. Fayard, 2010.
2. Survie, William Bourdon, Transparency International
et quelques autres en sont de bons exemples. Cf. *Carnages*,
Fayard, 2010.

est clair que si cette affaire prend de l'ampleur, elle affectera très fortement les relations entre la France et les pays africains », dit Ali Bongo.

Connaissant probablement ma détestation du président rwandais Paul Kagame, il me parle longuement de son rapprochement avec ce dernier. Il est fasciné par sa personnalité, par ce qu'il a fait, par sa puissance militaire. Impressionné aussi par le « mémorial contre la France[1] ».

Il me parle ensuite longuement de Nicolas Sarkozy, qui commence, dit-il, à s'intéresser pour de bon à l'Afrique et qui ne prononcerait certes plus le discours de Dakar[2].

J'ai un second rendez-vous avec Ali Bongo avant de repartir. Il revient de jouer au foot et porte toujours son maillot n° 9 à dominante verte. Il va cette fois essayer d'endosser le costume de son père, dont il sait, sans trop comprendre pourquoi, qu'il se confiait à moi. Je suis surpris de constater à quel point, comme son père, il connaît les dessous de la politique intérieure française. Non seulement parce qu'il s'y intéresse, mais parce que les principaux acteurs se servent parfois de lui pour faire passer des messages. Il me raconte comment

---

1. Censé commémorer le génocide rwandais, mais dont un panneau dénonce la France comme complice du drame.

2. Inspiré par Henri Guaino, et contenant une phrase malheureuse : « L'homme africain n'est pas assez entré dans l'histoire... »

Omar Bongo est intervenu dans le différend entre Nicolas Sarkozy et Dominique de Villepin, avant 2007, et a pris l'initiative de les inviter à se rendre tous deux à Libreville. « Sarko a accepté, DDV a refusé. À partir de ce moment, mon père a régulièrement conseillé Sarko, qui l'a beaucoup écouté. En 2007, avant même la proclamation officielle des résultats, vers 19 h 20/25, Sarkozy lui a annoncé sa victoire. »

Ali me parle des interventions de son père dans le choix des ministres. Il commente les affrontements entre Guéant-Proglio, d'une part, et Fillon-Lagarde et Lauvergeon, de l'autre, à propos de la politique nucléaire de la France. Il me raconte comment Jean-Marie Bockel a perdu son poste de secrétaire d'État à la Coopération à la suite des interventions de Robert Bourgi, puis comment tous deux l'avaient attendu plusieurs heures dans un grand hôtel parisien pour le prier de suggérer à Sarkozy de revenir sur ce limogeage : « Bockel était prêt à se mettre à plat ventre... J'ai dit que mon père était déjà accusé de trop intervenir dans la politique française... Une telle intervention aurait été contre-productive. Quand j'ai vu ensuite le président, je ne lui en ai pas parlé... » Il tient à me raconter qu'en septembre 2010, à l'Assemblée générale de l'ONU, Bernard Kouchner a fait ses adieux de ministre et lui a proposé, dans les couloirs, de reprendre le projet d'assurance-maladie qu'il avait lancé du temps de son père : « Il n'a pas eu honte. » Et de rappeler un souvenir datant du 14 juillet précédent, quand Kouchner lui avait dit qu'il allait quitter le Quai d'Orsay, le temps de l'« ouverture » étant fini. « Quelques minutes plus tard, Claude Guéant corrigeait son propos : Non, il est vidé ! » Il évoque ensuite le combat souterrain que se livraient Hortefeux et Guéant.

L'essentiel de l'entretien est ensuite consacré à la dernière phase de la maladie de son père, à l'inquiétude de Nicolas Sarkozy à propos de sa succession, à la maladie d'Édith, sa belle-mère, au comportement du président congolais durant cette période, à celui de Pascaline, sa sœur, à Paul Toungui, mari de Pascaline, et à Jean Ping, ex-président de la Commission de l'Union africaine, avec qui Pascaline a eu deux enfants qui cherchaient à l'éliminer, lui, Ali Bongo et avaient tout fait pour obtenir d'Omar mourant un testament en leur faveur : « Ils ne m'ont même pas téléphoné, d'Espagne, après la mort de mon père ! Les militaires étaient prêts à perpétrer un coup d'État pour déjouer leurs manigances... »

Je revois Ali Bongo le 18 février 2011. Malgré la mort de son père adoptif, j'envisage encore de poursuivre la rédaction de « OBO, l'acteur de la Ve République à la plus grande longévité ». Le nouveau président me propose de me donner, entre autres documents, toutes les coupes qui ont été faites dans les confessions d'Omar Bongo à Airy Routier, publiées sous le titre *Blanc comme nègre*[1].

L'omniprésence de Maixent Accrombessi ne laisse pas de m'inquiéter. Pendant tout l'entretien, qui se déroule à sa résidence de La Sablière, d'une bassine glissée sous son fauteuil s'élève une odorante fumée blanche...

Ali Bongo parle longuement de la trahison des pays occidentaux à l'égard de la Tunisie et surtout de l'Égypte, d'Obama, « l'intellectuel qui ne voit pas les problèmes quotidiens ». Il ne comprend pas pourquoi la France et Sarkozy ont suivi le mouvement : « Il n'y a plus d'exception française, la France est alignée. Avant la chute de Moubarak, Sarkozy m'a téléphoné pour me dire qu'Obama non seulement avait mis la tête de Moubarak sous l'eau, mais qu'il l'y avait maintenue. Quelques jours plus tard, le président français signait un communiqué pour enfoncer à son tour Moubarak. Je suis parfaitement conscient que je risque, comme les autres, d'être lâché et que je n'ai rien à attendre de mes prétendus amis. »

Travaillant sur un autre ouvrage à paraître en 2015, j'ai été amené à m'intéresser à nouveau au Gabon, et j'ai repris la longue enquête que je mène sur ce pays depuis cinquante-deux ans. Je me suis ainsi penché de plus près sur le cas du tout-puissant

---

1. Grasset, 2001.

Béninois Maixent Accrombessi, que j'avais trouvé si encombrant lors de mes rencontres avec Ali Bongo. J'ai eu tôt fait de constater qu'il était devenu à la fois le véritable patron de « mon » petit État équatorial et l'homme le plus haï de ce pays. Pour faire main basse sur ses richesses, il s'était entouré de quelques non-Gabonais, au point d'être catalogué comme chef de la « Légion étrangère ».

Le 2 octobre 2013, *La Lettre du Continent* diffusait un articulet intitulé « Pierre Péan approché par Accrombessi » à propos de mon « enquête sur le Gabon ». À ce moment, je n'envisageais de parler d'Accrombessi que dans le livre suivant celui-ci. La « machine à rumeurs » gabonaise s'est alors emballée. *La Une,* journal satirique d'information copié sur *Le Canard enchaîné,* titra le 4 novembre : « En vedette dans le nouveau brûlot de Pierre Péan », et, en gros caractères : « ACCROMBESSI EST "MORT". AÏE ![1] ». Un autre titra : « QUAND PÉAN SE PAIE ACCROMBESSI ». La présidence du Gabon était persuadée que le livre visant surtout Accrombessi était programmé pour le début de décembre 2013, à l'occasion du sommet africain prévu à cette date à l'Élysée.

Le sulfureux Ziad Takieddine me fit alors contacter par Fara Mbow[2], fils d'un ancien directeur de

---

1. Voir en annexe, p. 247.
2. Qui fut, dans les années 1980, proche d'Alexandre Djouhri, protagoniste de *La République des mallettes* (Fayard, 2011).

l'UNESCO, dont j'avais fait la connaissance lors de mon enquête sur *La République des mallettes*. Pour m'appâter, le Libanais me fit dire qu'il était prêt à me faire des révélations sur le financement de la campagne électorale de Sarkozy par Kadhafi. J'acceptai de voir les deux hommes et eus vite compris qu'ils voulaient en réalité me faire rencontrer Alain-Claude Billie By Nzé, conseiller en communication d'Ali Bongo. Malgré maintes réticences, j'acceptai l'entrevue avec le Gabonais, dont la mission consistait à organiser un rendez-vous avec le président. J'appris peu après que Ziad Takieddine – ou plutôt sa société Helliu Group, basée au Panama – aurait tenté de faire signer au chef de l'État gabonais un protocole d'accord stipulant qu'il acceptait « la mission qui lui était confiée aux termes des présentes, consistant à faire en sorte que l'ouvrage en question ne soit pas publié ». Et ce, pour des millions d'euros ! Ledit protocole ne fut pas paraphé par Bongo. Mais, comme le livre n'existait pas, il ne sortit évidemment pas en librairie début décembre.

À partir d'on-dits gabonais, un site sénégalais, Lera.net, laissa alors entendre que j'avais été acheté pour renoncer à la publication. Plusieurs personnalités revenant du Gabon me rapportèrent que Maixent Accrombessi colportait la rumeur. Agacé par cet embrouillamini, je décidai de réagir tout en continuant de rédiger mon prochain livre. Je penchai d'abord pour une *cover-story* dans *Marianne*.

Une fois lancé, il m'apparut qu'il était plus pertinent d'ajouter quelques chapitres à *Affaires africaines*. Une suite à la Dumas, en quelque sorte : *Trente ans après...*

3.

« La blanche colombe s'est envolée... »

Sur le site de la présidence gabonaise, la biographie officielle d'Ali précise qu'« en 1965 il quitte le Gabon pour poursuivre ses études primaires et secondaires en France. Après son baccalauréat, il étudie le droit à l'université de Paris Panthéon-Sorbonne et obtient un doctorat en droit – sujet : le domaine public. »

Tout est faux ou presque. En 1965, Alain, le futur, vivait encore au Nigeria et n'a donc pas poursuivi d'études en France à cette époque. Philippe Bernard a introduit pour *Le Monde*[1] quelques compléments d'information collectés à Libreville : « Envoyé très jeune comme pensionnaire dans un collège protestant des Cévennes, il a poursuivi un cursus des plus classiquement huppés : études secondaires au collège Notre-Dame-de-Sainte-Croix de

---

1. Du 17 juin 2009 : « Ali Ben Bongo, Monsieur Fils ».

Neuilly-sur-Seine, puis droit à l'université Paris I (Panthéon-Sorbonne). »

Je me suis adressé à Laurent Pasteur, président des anciens élèves du « CC[1] », pour connaître la vérité à propos du passage d'Alain au Chambon-sur-Lignon. Il apparaît que des Gabonais ont effectivement fréquenté le collège protestant dans les années 1970 et 1980. Pasteur avait entendu parler d'une éventuelle scolarité d'Alain Bongo, mais ne pouvait l'attester. Ayant accepté de mener l'enquête, il a interrogé Michel Fanguinovény. Celui-ci était en 4e en 1974-1975 : « Si Alain Bongo a été élève au Collège cévenol, ça n'a pu être qu'après moi, car je connaissais tous les Gabonais qui y sont passés avant moi. Mon père fut le premier, peu après la guerre de 1939-1945 ; ce fut ensuite le tour de mon cousin du même nom, vers 1965... »

Laurent Pasteur s'est également adressé à Robert Lassey, ancien élève (1965-1968), ancien professeur et ex-directeur (1997-2008). Celui-ci lui a confié avoir déjà eu à rechercher des informations à ce sujet et n'avoir trouvé aucune trace d'Alain Bongo au Collège. « Compte tenu de ses fonctions d'alors, nul doute qu'il avait tous les registres à sa disposition », commente Laurent Pasteur.

Ce dernier a par ailleurs consulté les *Year Books* des années 1970, où figuraient les listes de tous les élèves. « Aucun Bongo n'apparaît sur les listes

---

1. Collège cévenol.

des *Year Books* suivants : 1971-1972, 1974-1975, 1975-1976, 1976-1977 », souligne-t-il.

Une certitude : Alain a bien été élève au collège Notre-Dame-de-Sainte-Croix de Neuilly[1]. Ses résultats étaient si catastrophiques que décision fut prise de le faire accompagner par un précepteur, Éric Chesnel[2], lui aussi de Neuilly. Néanmoins, en fin de scolarité, il devint évident qu'il n'avait aucune chance de décrocher son baccalauréat dans des conditions normales. Son père estimait qu'un échec serait catastrophique aussi bien pour lui et son image que pour son fils. Tous les chefs d'État africains étaient censés se rendre cette année-là à Libreville pour le sommet de l'Organisation de l'unité africaine... Il aurait l'air de quoi ? Il décida donc qu'Alain devait coûte que coûte obtenir sa peau d'âne. Il s'en ouvrit à plusieurs personnes, notamment à Pierre Debizet, patron du SAC, à Éric Chesnel, à Marcel Sandoungout, alors ambassadeur du Gabon à Paris, à un responsable d'un de ses services de sécurité, et probablement à d'autres encore. Inutile de préciser que Bongo était prêt à mettre beaucoup d'argent sur la table pour régler ce problème.

---

1. Encore que l'association des anciens élèves ne trouve aucune trace du passage d'Alain Bongo.

2. De nationalité française, homme de confiance de la famille Bongo, tour à tour précepteur, accompagnateur, secrétaire général adjoint à la Présidence, président de l'association France-Gabon.

La Contre-Ingérence, équivalent de notre DST, chercha et trouva un Antillais disposé à passer l'examen sous l'identité d'Alain. Mais cette initiative fut supplantée par une autre, lancée par le « frère » Sandoungout[1], lequel tapa à la porte d'un autre « frère » du cabinet de Pierre Abelin, ministre de la Coopération du gouvernement Chirac. Les relations entre Bongo et la France traversaient alors une passe difficile. Résoudre ce mince problème pouvait rendre le sourire au président gabonais. Le collaborateur d'Abelin prit alors langue avec René Journiac, conseiller pour l'Afrique de Valéry Giscard d'Estaing. L'affaire remonta à VGE. Celui-ci donna-t-il son feu vert ? Toujours est-il que Journiac fit redescendre l'info vers la Coopération. Contact fut alors pris avec Michel Denieul, directeur de cabinet de René Haby, ministre de l'Éducation nationale, pas très chaud pour avaliser le trucage d'un examen. Mais il réalisa qu'il n'avait pas le choix : affaire d'État.

La solution retenue est simple : Alain doit se soumettre aux épreuves. Deux des épreuves écrites seront mystérieusement égarées. Constatation faite de cette perte, il sera décidé que, « pour ne pas pénaliser le fils Bongo, les examinateurs donneront une bonne note à ces deux épreuves »...

Satisfait, Bongo demandera plus tard si la même procédure pouvait être retenue à l'université. Son

---

1. Ancien ambassadeur à Paris dans les années 1970, aujourd'hui doyen d'âge du Sénat.

vis-à-vis français lui répondit que, cette fois, c'était mission impossible...

Au souvenir de ces péripéties auxquelles Omar Bongo attachait une telle importance, un ancien membre de ses services de sécurité, qui avait eu à les gérer, commente : « Éric Chesnel était à la manœuvre et disposait d'un budget persuasif. Ensuite, Alain a pris la main et acheté lui-même ce dont il avait besoin. »

Qu'en est-il du doctorat de droit au Panthéon-Sorbonne ? Il suffisait, au mois d'août 2014, d'aller sur le site sudoc.abes.fr, qui répertorie toutes les thèses, pour constater qu'il n'y avait aucun résultat pour « Bongo ». Et bizarrement, la même recherche effectuée sur le même site le 24 septembre[1] fait apparaître une thèse de doctorat de géographie, et non de droit public, soutenue le 6 juillet 1985, par Ali Bongo, dont le titre est *Le Transgabonais*[2], et qui fait 276 feuillets ! J'ai consulté cette thèse à la bibliothèque Cujas. Le fils du président a fait son exposé devant Jacques Soppelsa, président de

---

1. J'ai fait cette recherche après avoir lu *La Lettre du Continent* du 24 septembre 2014, qui signale l'existence de cette thèse dans un article intitulé « Ali Bongo, docteur multi-toges ».
2. Chemin de fer de 669 kilomètres reliant Owendo à Libreville pour l'acheminement des grumes et du manganèse du Haut-Ogooué. Voir en annexe la page de couverture de cette thèse, p. 242.

Paris I, le professeur Thiébault Flory, de l'université de Lille, et le professeur Jean Gicquel, de Paris I.

Ali Bongo est censé avoir consulté cinquante et un livres, sans compter les périodiques et articles. Si l'on enlève les annexes, les cartes et les documents à l'intérieur du texte, la thèse est réduite à 144 petits feuillets. Ce qui est très court pour une thèse... Le conseiller à la présidence qui l'a écrite ne s'est pas cassé la tête. Il a réuni les documents gabonais sur le sujet et en a fait une petite synthèse en forme d'apologie d'Omar Bongo. Ali Bongo est aujourd'hui encore très reconnaissant aux universitaires qui lui ont donné son diplôme : il invite les deux derniers vivants aux grands raouts de l'ambassade du Gabon à Paris. Précisons qu'en 1985, Ali Bongo était représentant personnel du président et que, s'il venait souvent à Paris, ce n'était pas pour user ses pantalons à la bibliothèque Cujas...

Dans la période où il est censé effectuer des travaux dirigés pour préparer sa licence, puis sa maîtrise, Alain devient en réalité... chanteur de *funk music* ! Inutile de préciser qu'il dispose de tout l'argent nécessaire pour faciliter sa carrière. Dès 1978, il sort son premier disque, intitulé *Brand New Man* (un homme tout neuf). Il est introduit dans le milieu de la *funk music* par Charles Bobbit, ancien manager de James Brown, considéré comme l'initiateur du funk et, ainsi que le précise Wikipédia, « l'une des figures les plus influentes de la musique populaire du XXe siècle ». Alain est accompagné et produit par Fred Wesley, illustre joueur de trombone jazz et funk, qui a travaillé avec Brown. Accompagnés également par Parliament et Funkadelic, les deux groupes fondés par George Clinton, Alain Bongo et son orchestre américain, composé de trente musiciens, ont joué dans toute l'Afrique de l'Ouest pendant six semaines alors même que le futur président n'était âgé que de dix-neuf ans !

À cette époque, il a les honneurs de *Billboard*, le grand hebdomadaire musical américain. Dans son numéro daté du 8 octobre 1977, un court article signale qu'il est venu à Nashville, au Sound Shop Studio, et qu'il a signé un contrat avec United Artists de New York. Une photo le montre au piano. Sur la pochette du vinyle 33 tours, il est présenté comme chanteur, arrangeur, auteur unique de la nouvelle génération. Sa mère est spécialement remerciée dans *Bessie We Love You*, titre présenté comme une adresse à Joséphine Bongo, née Kama : la chanson n'est qu'« une partie de ce que nous ressentons pour vous ».

Joséphine, dont nul n'ignore l'influence qu'elle exerça sur Omar Bongo, et dont les faits et gestes furent étalés dans la presse française de l'époque. L'adresse d'Ali serait-elle une façon de compatir aux drames endurés par sa mère, dont les amants auraient été trucidés les uns après les autres sur ordre de son père ? Peu après son arrivée à

Libreville, il a probablement compris que Joséphine n'avait pas apprécié que son père ait un fils, Christian, né en 1966, deux ans avant sa propre arrivée au Gabon, avec la jeune sœur de sa mère adoptive, Cécilia Ndjavé Ndjoy. Un Christian qui est on ne peut mieux traité par son père, même s'il ne partage pas le foyer parental. Alain a également appris que son père a eu une aventure avec la sœur aînée de Joséphine, Emma Rose Ngoulakia... La rumeur d'abord, les journaux ensuite, ne manquent pas d'étaler sur la place publique les aventures de sa mère et les accès de jalousie de son père, qui l'auraient conduit à commanditer l'assassinat de ses rivaux[1].

Le premier visé a probablement été René A. Joseph, Haïtien, favori de Madame au milieu des années 1970. Bongo est obsédé par l'amant de sa femme. Il en parle même à Michel Poniatowski, ministre français de l'Intérieur, qui veille à ne pas hasarder un doigt dans pareil engrenage. Un contrat intéressant est proposé à Bob Denard pour tuer l'intrus. Se sentant menacé, Joseph s'installe avec sa femme à Miami. Mais Denard envoie des « pigistes » en Floride pour fomenter le coup fatal. Sollicité pour se charger de la basse besogne, Jean Kay – le « défenseur de l'Occident » soutenu par Malraux après avoir tenté de détourner un

---

1. Ces événements sont développés dans *Affaires africaines*, Fayard, 1983.

avion pour obtenir des médicaments en faveur du Bangladesh – se dérobe. Un autre prépare un colis piégé. La traque sera finalement abandonnée.

Tel ne sera pas le cas pour le poète Ndouna Depenaud, prétendument toujours amoureux de Joséphine, avec qui il aurait été naguère marié selon la coutume. Survenant en 504 noire, trois tueurs, probablement des membres marocains de la Garde présidentielle, abattent de sang-froid le « poète » dans sa case, un soir de 1977[1]. Une éphémère rumeur dira que Joséphine en fut très affectée et en voulut beaucoup à son époux.

Malheur à celui qui lui résiste ! Il risque de perdre son travail, d'être expulsé, voire bastonné. Et malheur, dit-on, à celui qui accepte ! Ainsi de ce jeune gendarme togolais, d'abord interpellé par des policiers gabonais, incarcéré, le temps pour Bongo d'appeler Eyadema, son collègue togolais, lequel envoie sur-le-champ un avion pour rapatrier à Lomé son ressortissant, dont plus personne n'a entendu parler depuis lors...

Ses propres frasques n'empêchent pas Joséphine de piquer de vives colères contre son mari volage. En 1975, elle organise même une manifestation du Mouvement des femmes gabonaises de Libreville visant la toute dernière maîtresse du président. À l'abri des regards, les scènes entre les deux époux

---

1. Cette affaire est largement évoquée dans *Affaires africaines, op. cit.*

sont homériques. L'entourage du président raconte qu'il arrivait que Joséphine frappe son mari, le traite d'impuissant, reportant sur lui la responsabilité de sa stérilité. Ne supportant pas ce traitement, Omar a alors couché avec Cécilia, sœur de Joséphine, déclenchant l'ire de celle-ci.

Quand Cécilia tombe enceinte, elle a peur des réactions de sa sœur aînée. Elle ne veut pas garder l'enfant. Elle commence une tournée des médecins. Albert Bongo l'apprend et charge Georges Rawiri d'organiser son séjour médical en France, de soudoyer les médecins qu'elle rencontre pour qu'ils lui assurent qu'un avortement est impossible. Il le charge aussi de trouver une nounou au petit. Ce sera Odette Perret, une protestante originaire d'Alès. Le fils de Cécilia est enregistré par le colonel Djoué Dabany, le frère de Cécilia et de Joséphine, sous le nom de Christian Djogho, en référence à Victor Mbongo (un presque homonyme) qui partage la vie de Cécilia. Christian ne sait pas que son père biologique est le président du Gabon.

Après l'accouchement, Joséphine se serait rendue dans sa famille pour lui faire part de son indignation. Les Kama lui auraient remontré que son mari n'avait fait là que respecter la coutume. Quelle coutume ? L'*obali*, qui prévoit, dans le Haut-Ogooué, que la famille de la femme stérile donne une seconde femme à l'époux. « Le système *obali* permettait ainsi une certaine harmonie au

sein du couple conjugal. Le cas des femmes stériles en est un bon exemple. En effet, elles trou-
vaient dans la venue d'une coépouse une forme
de compensation sociale. Car les enfants de cette
dernière étaient considérés comme appartenant
au couple[1]. »

Furieuse autant contre son mari que contre la
coutume, Joséphine écrit le scénario d'un film intitulé *Obali*, réalisé en 1976[2], mais qui ne sera diffusé
que sept ans plus tard.

L'année suivante, elle récidive et élabore un scénario, pour les deux mêmes réalisateurs, sur le
statut des femmes en Afrique, intitulé *Ayouma*.
Un des deux cinéastes, Charles Mensah, déclare :
« Dans *Ayouma* intervient la notion de libération
de la femme qui travaille et s'associe à la vie politique, mais dont le statut n'a pas vraiment changé
en Afrique, où certaines coutumes font d'elle une
femme objet à valeur marchande, que l'on peut
monnayer sur la place du village ou dans les couloirs de la politique. » Pierre-Marie Dong, l'autre
réalisateur, complète : « Il s'agit là d'un véritable

_____

1. Voir la thèse de sociologie intitulée « Le mariage africain
entre tradition et modernité. Étude socio-anthropologique
du couple et du mariage dans la culture gabonaise », soutenue à Montpellier III par Cornélia Bounang Mfoungué en
mai 2012.

2. Réalisé par Pierre-Marie Dong et Charles Mensah, sorti
seulement en mars 1983.

film de combat politique où l'auteur démontre qu'en dépit des apparences les femmes demeurent toujours un instrument utilisé à volonté par les hommes pour servir leurs intérêts. »

Lorsqu'il apprend la dernière initiative de Madame, c'est le président qui entre dans une violente colère, avant de sombrer dans une dépression qui va jusqu'à le rendre indifférent à la chose publique. Joséphine est désormais considérée comme une menace pour ce qu'on appelle le « clan des Gabonais », notamment pour les barbouzes du SAC, les tenants du système Foccart, ainsi que pour Elf et d'autres grandes entreprises implantées sur place. À la demande d'Omar Bongo, elle est étroitement surveillée à Libreville, mais surtout à Paris. Pierre Debizet, patron du SAC, est spécialement chargé de cette mission et coordonne l'action de ceux qui filent Joséphine. Horus, société privée appartenant à Maurice Robert et Bob Denard, ainsi que la vieille société Détective Deluc, sont aussi sur le coup. Quand Madame part pour la capitale française, Bongo appelle Debizet et lui dit : « La blanche colombe s'est envolée. » Ce n'est pas une mince affaire que de la surveiller, car elle a la technique pour « planter » ses anges gardiens, et virevolte entre les boutiques spécialisées dans la lingerie censée plaire à ses amants, les boîtes de nuit pour draguer lesdits amants, les hôtels pour essayer lingerie et amants.

L'un de ceux-ci, Robert Luong, peintre en bâtiment, en vient à menacer le régime. S'il a pu approcher le Palais, c'est qu'il a des amis qui s'occupent de la sécurité rapprochée du chef de l'État, notamment Ndoye Demba, qui l'a fait venir à Libreville et qui est proche d'Angélique, nièce du président ; mais aussi de Diop, ami d'Ali, tous deux partageant le même professeur de judo. En mai 1978, le peintre obtient un chantier dans un magasin de vêtements appartenant à une sœur de Joséphine. Luong y rencontre celle qu'on appelle « Marie-Jo ». Bientôt, Bongo est au courant de la dernière tocade de sa femme, mais Luong est de toutes les réceptions au palais du Bord de mer. Il est même présenté à VGE la veille de Noël.

Début 1979, Bongo met en branle la mécanique destinée à le broyer. Luong est d'abord interpellé pour fraude fiscale, attentat à la pudeur, trafic de drogue. Finalement, il est expulsé du Gabon par l'époux trompé, qui ne lui en remet pas moins 10 000 francs français en espèces. Des membres de la Garde présidentielle sont chargés de le confiner dans sa sous-préfecture, à Villeneuve-sur-Lot, pendant la dizaine de jours que Joséphine est censée passer à Paris. Furieuse, celle-ci a quitté le domicile conjugal et, depuis Paris, menace de tout révéler sur sa liaison s'il arrive malheur à son amant. Les barbouzes sont sur les dents ; le pouvoir français aussi, inquiet de la tournure prise par le vaudeville...

Il ne faut pas longtemps aux « hommes de l'ombre » du président Bongo pour savoir que, dans la matinée du mardi 6 février 1979, le couple a retenu à Paris, au nom de Luong, la chambre 42 de l'hôtel Savoy, 76, rue de Provence. Après un repas pris en compagnie de deux nièces de la présidente, tout le monde s'est retrouvé dans cette chambre. Des photos ont été prises. Un policier détaché des VO (voyages officiels) et un employé de Horus appellent Bongo pour lui rendre compte de son nouveau cocufiage, et vont ensuite le chercher à sa résidence parisienne. Sur la route qui le conduit au Savoy, il paraît ivre de fureur. Avant de monter dans la 42, il tente de s'emparer du revolver du policier. L'employé de Horus escorte Bongo, qui hurle et assène de violents coups de poing dans la porte. Robert Luong ouvre. Il n'en mène pas large. Marie-Jo est assise dans un fauteuil. Luong panse la main du président. Bongo se calme et ordonne au peintre en bâtiment de ne plus revoir sa femme. Mais les policiers du commissariat voisin, alertés par le tapage dans la chambre 42, veulent embarquer les protagonistes de la scène... Le soir, Bongo rédige une lettre pour dire à Luong que l'incident est clos, et il confie le pli aux hommes chargés de la surveillance de Marie-Jo.

La lettre est déchirée par ces derniers.

Deux jours plus tard, les amants se retrouvent. Bongo est prostré. L'activité des « filocheurs » reprend de plus belle. Se sachant traqué, Luong ne quitte pas une sacoche noire remplie d'enregistrements et de photos compromettantes. Peu après, il est convaincu que Marie-Jo est enceinte. Si la nouvelle se confirme, elle peut se révéler dangereuse. En effet, si la présidente a un enfant que Bongo n'a pu lui donner, elle risque de quitter son mari. Mais abandonnerait-elle pour autant le pouvoir ? Marie-Jo fait partie d'un clan puissant, celui des Assélé...

Désormais, l'inquiétude gagne le clan des Gabonais. René Journiac, le Monsieur Afrique de VGE, le ministre de l'Intérieur, le sommet de la hiérarchie policière, suivent désormais au jour le jour le développement de l'affaire. Le 30 mars 1979 circule entre eux tous un rapport de six feuillets sur la carrière africaine de Luong et les raisons des attentions dont il fait l'objet.

Le 6 avril, Luong, sachant Marie-Jo indisposée, se confie à son magnétophone[1] : « Je me suis permis, bien que pas docteur, un diagnostic à ton sujet. Souffres-tu d'une grippe... ou n'ai-je pas compris : tu es enceinte ? À l'idée que tu puisses l'être, je me réjouis... » Propos qu'il tient aussi au téléphone, évidemment écouté. Il n'a plus de nouvelles de Marie-Jo, mais ne cesse pas ses assiduités. Le 7 mai : « Le sang qui coule dans tes veines est mélangé au mien et ils ne font qu'un. Je t'aime à en mourir. » Luong constate qu'il est constamment

---

1. J'ai dans mes archives une cassette de ses confidences.

surveillé. Ce qui ne l'empêche pas de téléphoner sans cesse à la présidence. Il laisse même des messages aux enfants de Bongo, donc probablement à Alain, comme : « Dis à maman que papa Robert a téléphoné. » Le 23 juin, il confie à son magnétophone : « Notre enfant que tu portes en toi... À l'idée que ce soit vrai... »

À Villeneuve-sur-Lot, le soir du 27 octobre 1979, deux membres de la Garde présidentielle descendent d'une Renault R5 et tuent à bout portant Robert Luong, arrivé de Paris à bord d'une DS. La R5 appartient à André Revue, militaire dont les parents sont, comme ceux de Luong, des Indochinois vivant au camp CAFI[1] de Sainte-Livrade-sur-Lot. Dans son carnet d'adresses, les enquêteurs trouveront le numéro de téléphone privé d'Ali Bongo...

Tout l'appareil d'État s'emploie à étouffer l'affaire pour ne pas se mettre mal avec le président gabonais. L'enquête est bâclée. Des témoins clés ne sont pas interrogés. Des mallettes sont distribuées.

L'arrivée au pouvoir de François Mitterrand imprime un nouvel élan à l'enquête. Pas pour bien longtemps. Tout s'arrête, semble-t-il, quand un intermédiaire remet une valise à la sœur de Robert Luong sur une place de Villeneuve-sur-Lot. Quant aux deux tueurs de la GP, ils décident de changer de vie et s'installent en France. Ils

---

1. Centre d'accueil des Français d'Indochine.

mourront rapidement dans des conditions mysté-
rieuses : le premier, qui n'était pas déprimé, s'est
suicidé à l'oxyde de carbone dans son garage ; le
second, sportif, en pleine forme, a succombé à
un arrêt cardiaque provoqué par une surdose de
médicaments...

Si, par raison d'État, les conséquences de l'affaire
Luong ont été réglées, Marie-Jo s'est vite conso-
lée avec d'autres amants. Notamment avec Roger
Onanga, chef d'orchestre d'une boîte de nuit qui
lui appartient, le Night Fever. En février 1982,
un commando de la Garde présidentielle mitraille
Onanga et André Remanda devant le night-club
Au son des guitares. Tous deux sont transportés
à l'hôpital Jeanne-Ebori de Libreville. Madame
Bongo rapplique sur les lieux, et éructe. Onanga,
dont les blessures ne sont pas trop graves, est
expédié avec une partie de sa famille au Brésil, à
l'abri du besoin. Remanda a moins de chance : il
garde une jambe paralysée.

Marie-Jo ne décolère pas, elle n'adresse plus la
parole à son mari. De privée, l'affaire devient une
fois de plus affaire d'État. Marie-Jo part en effet
aux États-Unis et mène la grande vie à Los Angeles.
Bongo déprime. Il faudra beaucoup d'argent et de
longues négociations pour obtenir que Madame
s'en revienne au Palais.

Ce n'est qu'en 1986 que Bongo se sépare de
Marie-Jo et prend pour épouse Édith, la fille de
Denis Sassou-Nguesso, le président congolais.

Quant à Joséphine, elle change alors de nom et de statut : elle devient Patience Dabany, chanteuse. Quoique éjectée du palais du Bord de mer, elle continue à jouer un rôle important. Pour des raisons que j'ignore, Bongo en aura toujours peur. Devant témoins, il l'appelle « la Vipère ». Patience misera sur cette crainte pour continuer à couver son fils adoptif quand il aura renoncé à la musique pour le pouvoir. Amour sincère ? Amour intéressé ? Beaucoup affirment que, par Ali, elle continue bel et bien à jouir et du pouvoir et de l'argent.

À l'« élection » d'Ali, en 2009, Patience Dabany va en tout cas compléter sa partition en entonnant une chanson intitulée *L'amour d'une mère ne s'éteint jamais* :

> *La première fois que tu as ouvert les yeux*
> *À cet instant Dieu exauça mon vœu*
> *Te serrer contre moi était mon seul réconfort*
> *Oh oui mon bébé c'était toi mon homme*
> *Quand est venu le temps où tu as pris ton envol*
> *J'ai prié longtemps pour que jamais tu n'tombes*
> *Et si jamais t'hésites à réouvrir ma porte*
> *Souviens-toi maman t'aimera toujours...*

Edgar Youkeu, son producteur depuis 1998, installe le clip de *L'Amour d'une mère* sur YouTube le 2 mars 2010, avec des photos de Patience Dabany du temps qu'elle était Joséphine Bongo, et d'Ali

Bongo du temps qu'enfant, puis adolescent, il s'appelait Alain.

Un peu plus tard, sur le même album intitulé *Mamma 2010,* elle règle ses comptes avec ceux qui ont colporté des rumeurs sur l'identité de son fils. Et désigne même Pascaline Bongo, sœur d'Ali : « Il a fait ci, il a fait ça, oui on vous connaît... ne venez plus me traumatiser... on vous connaît... il y a Pascaline, la sœur de l'autre... »

Quant à Ali, s'il a opté pour le pouvoir, sa passion pour la musique ne l'a jamais quitté. Jusqu'en 1986 il fait de Charles Bobbit, ex-manager de James Brown, qui l'a introduit dans l'univers funk, son principal conseiller. Installé au palais du Bord de mer, Bobbit intervient dans les affaires de l'État. C'est aussi lui qui permettra à Ali de réaliser un très gros coup de pub pour Bongo et le Gabon en réussissant à faire venir, en février 1992, le très fameux Michael Jackson : plus de cent mille Gabonais saluèrent la grande vedette à son arrivée. Omar Bongo le décora de la médaille d'honneur des Nations d'Afrique de l'Ouest : « Vous êtes le premier artiste de variétés à recevoir cette médaille qui, jusqu'à aujourd'hui, n'a été donnée qu'à des chefs d'État et à des dignitaires de haut rang, notamment à Nelson Mandela. »

Durant sa campagne électorale de 2009, Ali n'hésitera pas à monter lui-même sur scène pour rapper en compagnie d'artistes locaux...

Et Christian, Bongo qui a tellement perturbé la famille ?

Même s'il ne l'a pas reconnu à sa naissance, Omar Bongo n'a pas cessé de le suivre de près. Il est ainsi très affecté quand, à l'âge de treize ans, Christian est victime d'un accident. Il le fait venir au Palais et l'installe dans une chambre mitoyenne à la sienne.

– Qui est ton père ? lui demande un jour le président.

Rire.

– Victor…

– Tu es sûr ? Tu ne trouves pas que nous nous ressemblons ?

– …

– Tu me ressembles parce que je suis ton père.

Christian a une réaction très violente.

– Si j'étais ton fils, je n'aurais pas souffert comme j'ai souffert depuis que je suis petit.

Son père – pour l'état civil – était alcoolique et le battait.

Pendant dix ans, les relations entre Omar et Christian restent néanmoins au point mort. À la suite de la découverte de sa photo dans un album, Christian décide de revoir son père biologique. Et lui dit que, s'il est son père, il doit tout de suite donner des instructions pour le reconnaître. L'après-midi même, Bongo faisait le nécessaire et reconnaissait Christian.

4.

Le coup de pied de l'âne d'Omar

En 1986, poussé par André M'Ba Obame, qui a commencé à prendre à ses côtés la place de Charles Bobbit, Ali a cherché à entraîner son père dans le projet « Akoma M'Ba[1] », visant à instaurer une monarchie héréditaire. Ce projet a été révélé par les services secrets intérieurs, qui ont appris que, lors de la préparation d'une tournée provinciale d'Omar Bongo, son fils avait convaincu avec force enveloppes des chefs coutumiers fangs, réputés lui être opposés, de faire acclamer le « roi Bongo » lors des meetings. Le plébiscite devait commencer dans le Woleu-Ntem, une province située au nord de Libreville.

Omar n'est pas chaud, mais ne s'oppose pas au projet. Avec quelques conseillers, il se retire à Skirat, au

---

1. Le « Roi des rois », l'« Invisible », grande figure du *Mvet*, récit épique des Fangs, ethnie majoritaire au Gabon.

Maroc, pour l'étudier. Les barons du Haut-Ogooué[1], Julien M'Pouho en tête, ne veulent entendre parler à aucun prix de cette monarchie. « Si tu es fatigué, rends le pouvoir au peuple », lui dit M'Pouho.

Ali Bongo tente d'aller vendre son projet à Jacques Chirac en lui disant qu'il y a un véritable engouement populaire en sa faveur. Le Premier ministre de « cohabitation » ne veut pas même imaginer cette perspective. Omar « monte » à son tour à Paris et s'entend opposer un non catégorique. Ali ne sera donc pas prince héritier.

Poussé par un AMO (André M'Ba Obame) on ne peut plus ambitieux, Ali est las d'attendre son tour en coulisse. Tous deux veulent bousculer les caciques du PDG[2], rajeunir la classe politique. Ali s'agite, harcèle son père pour devenir ministre. Sa mère entre aussi dans la ronde et fait pression sur son ex-mari. Bongo finit par plier en 1989 et nomme Ali ministre des Affaires étrangères dans le gouvernement de Casimir Oyé M'Ba. Mais le président a tôt fait d'être excédé par les bourdes de son fils, notamment à l'ONU et à Washington, qui l'obligent à envoyer sur place des émissaires pour les réparer. Il juge Ali incapable d'assumer

---

1. Une des neuf provinces du Gabon, frontalière avec le Congo. Chef-lieu : Franceville.

2. Parti démocratique gabonais. Fondé en mars 1968, parti unique jusqu'aux lendemains du discours de La Baule, en 1990.

ses fonctions. Fin 1990-début 1991, Omar Bongo voudrait s'en séparer, mais ne sait comment s'y prendre, car il redoute les réactions de « la Vipère », Patience Dabany, et celles de son fils. Il s'ouvre de son problème à Jean-Pierre Lemboumba, son directeur de cabinet, qui bénéficie de toute sa confiance. Celui-ci a l'idée de faire prendre un décret interdisant à tout Gabonais de moins de trente-cinq ans d'occuper un poste ministériel. Ce qui est fait. Dans la foulée, Lemboumba et Bongo, jugeant le fils inapte à prétendre à la succession, décident d'aller plus loin et d'amender la Constitution. L'article 36 stipulera que « les membres du gouvernement sont choisis au sein du Parlement et en dehors de celui-ci. Ils doivent être âgés de trente-cinq ans au moins et jouir de leurs droits civils et politiques. » Quant à l'article 10, il spécifiera que « toute personne ayant acquis la nationalité gabonaise ne peut se présenter comme candidat à la présidence de la République. Seule sa descendance ayant résidé sans discontinuité au Gabon le peut à partir de la quatrième génération ».

Ali Bongo perd son maroquin et ne pourra succéder à son père, puisqu'il n'est pas né au Gabon et a acquis la nationalité gabonaise par adoption. Les « Rénovateurs », notamment André M'Ba Obame, perdent eux aussi leurs portefeuilles. Non content de démettre son fils, Omar Bongo affiche sa préférence pour l'un de ses enfants : il nomme en effet Pascaline Bongo, en remplacement de son frère Ali, au ministère des Affaires étrangères. Fou furieux, Ali cherche à rencontrer son père, qui lui ferme sa porte. Après quelques semaines d'attente, il se retrouve face à lui et laisse s'exprimer sa rage. Pour le calmer, Omar Bongo dit n'être pour rien dans les changements constitutionnels ; il va voir ce qu'il peut faire, et finit par désigner Lemboumba comme responsable de la disgrâce d'Ali...

Le 7 janvier 1992 à 19 h 30, Lemboumba rentre chez lui, dans le quartier Plein-Ciel, pour se changer. Il souhaite se défaire de sa tenue de bureau pour aller à la rencontre des membres de l'opposition. Alors qu'il s'apprête à rentrer dans son salon, quelqu'un, derrière lui, l'interpelle : « Monsieur Lemboumba ? » Il se retourne et reçoit une balle à quelques centimètres du cœur. Probablement étonné que sa victime ne s'écroule pas, le tueur hésite quelques secondes, puis s'enfuit en courant. Le directeur de cabinet de Bongo est transporté à l'hôpital Jeanne-Ebori. Bongo lui rend visite juste avant qu'il n'entre en salle d'opération. Gravement blessée, mais encore consciente, la victime dit au président : « Fais attention à toi, toi aussi tu es en danger... »

Bongo mobilise ses services pour retrouver l'assassin et le commanditaire. Honoré Olery, chef des aides de camp de Bongo, Ali Mbélé, patron de la Sécurité publique, et le général Oyibi, chef de la Contre-ingérence, prennent en main cette délicate affaire.

Dans un premier temps, ils sont convaincus que la tentative d'assassinat s'inscrit dans les relations ancestrales compliquées entre Tékés et Obambas, deux ethnies du Haut-Ogooué qui ont fait alliance dans les années 1960 pour se partager le pouvoir. C'est ainsi que le ministère des Finances est toujours attribué à un Obamba ; longtemps, ce fut Jérôme Okinda, puis Jean-Pierre Lemboumba, et quand ce dernier est devenu « dircab » d'Omar Bongo il a été remplacé par son neveu, Paul Toungui... Ce partage du pouvoir n'efface pas pour autant les vieilles rivalités du temps où les chasseurs tékés venaient ravir les femmes des Obambas, les leurs étant souvent stériles. Bongo balaie d'un revers de main ces « conneries » et croit plutôt que c'est une « histoire de femmes ».

L'enquête conduit à désigner deux commandants tékés de la garde rapprochée du président : K... et B...[1], l'un ayant assuré la protection de l'autre, le meurtrier. Personne ne veut rédiger de rapport écrit parce que l'affaire est trop explosive. Un des enquêteurs finit par expliquer au président que, « selon toute vraisemblance, c'est Ali ».

– Tu te rends compte de ce que tu me dis ? rétorque Omar.

Après avoir expliqué comment ils en étaient arrivés à cette conclusion, devant un Bongo toujours

---

1. Les deux officiers ont continué leur carrière. L'un d'eux est devenu lieutenant-colonel et est à la retraite au Gabon. Quant à l'autre, je ne sais ce qu'il est devenu.

perplexe, le policier prend le risque d'indisposer encore davantage le chef de l'État :

– Faites attention, monsieur le président. Votre fils est très ambitieux. Il est capable de faire la même chose à votre encontre...

Rétabli, Jean-Pierre Lemboumba s'exile en France, où il est protégé à la fois par des policiers français et par des « privés ». Jacques Foccart le prend également sous son aile, ce qui ne plaît guère à Bongo. Mais, quelque six mois après son arrivée à Paris, des policiers, grâce à des écoutes téléphoniques, découvrent que le réfugié est une nouvelle fois menacé. Un contrat a été mis sur sa tête. C'est un voyou du Havre qui est chargé de l'exécution. La PJ retrouve le donneur d'ordre : un Coréen proche d'Ali Bongo. Après que Lemboumba a refusé de « faire la chèvre » pour prendre le tueur en flagrant délit, celui-ci est arrêté et... exfiltré hors de France.

Pas plus Lemboumba que les autorités françaises ne souhaitent donner de la publicité à l'affaire. Le Gabonais n'a porté plainte ni au Gabon, ni en France. Il n'y a donc pas d'instruction judiciaire dans l'un ou l'autre pays. À ma connaissance, il ne subsiste aucune trace écrite des deux tentatives d'assassinat du numéro 2 gabonais...

Omar Bongo a évidemment été mis au courant. De ce jour, il a estimé que son ex-collaborateur disposait décidément de grigris très puissants pour déjouer deux tentatives d'assassinat, dont une avec un 357 magnum.

Jean-Pierre Lemboumba est revenu début 1993 au Gabon, où il est devenu un farouche opposant qui a beaucoup aidé le père M'Ba Abessole lors de la campagne présidentielle de décembre...

Jacques Foccart s'était mis en tête de réconcilier Lemboumba avec Bongo. Jacques Chirac s'en mêla lui aussi. À plusieurs reprises, ce rabibochage sembla acquis, mais, chaque fois, des fuites firent tout capoter.

Des raisons familiales permirent une première rencontre. Martin, fils de Jean-Pierre Lemboumba, a vécu plusieurs années avec Claudia Sassou, fille du président congolais et sœur d'Édith, la femme d'Omar Bongo. Tous deux décidèrent de convoler en justes noces à la mairie de Libreville en août 2002[1]. Omar Bongo et Jean-Pierre Lemboumba n'ont pu faire autrement que d'assister ensemble à ce grand mariage. Mais ce n'étaient pas encore les retrouvailles. Celles-ci firent l'objet d'intenses et longues négociations entre les chefs des Tékés et ceux des Obambas. Elles s'achevèrent dans un conclave à la salle de conférences de la Cité du 12 mars. Quand les portes s'ouvrirent, Omar Bongo et Jean-Pierre Lemboumba sortirent main dans la main, montrant à tous les Obambas et Tékés présents que les deux ethnies étaient désormais réconciliées.

Mais la première personne qu'aperçoit alors Lemboumba dans la petite foule qui attend l'issue

1. Voir la photo du mariage, en annexe p. 241.

du conclave n'est autre que le commandant K...,
celui-là même qui avait tenté de l'assassiner ! Le
Téké le regarde fixement, pétrifié. Lemboumba
continue d'avancer, hiératique...

Pour sceller un peu plus leur réconciliation,
Omar Bongo va adjoindre à son nom « Ondimba »,
un patronyme obamba, et, le 10 mars 2003, il
nommera Lemboumba coordinateur général des
affaires présidentielles.

Un peu plus tard, Jean-Pierre Lemboumba se
montrera très actif dans la préparation du « coup
d'État électoral » destiné à installer Ali Bongo au
pouvoir. De son côté, oubliant ces lointaines péripéties, le nouveau président nommera Lemboumba
conseiller politique au sein de son propre cabinet...

5.

Les premières élections libres...
mais truquées

Trop engagé dans le soutien à l'un des candidats, j'avais abandonné ma casquette de journaliste traitant des affaires gabonaises. Je m'étais interdit d'écrire sur elles jusqu'à la mort d'Omar Bongo... Je débarque donc le 4 octobre 1993 à Libreville dans le cadre de la préparation de l'élection qui va se dérouler début décembre, pour assister Paul M'Ba Abessole, qui s'est imposé, en l'espace de trois ans, comme le leader incontesté de l'opposition. Cela faisait treize ans que je n'étais pas revenu, dont dix parce que j'étais interdit de séjour pour cause d'*Affaires africaines*...

Peu après ma descente d'avion, Bongo me téléphone :

– Alors, celui qui m'a tué est ressuscité ?... Bienvenue !

Le lendemain soir, après avoir vu sortir une voi-
ture avec à son bord Bruno Delaye, le Monsieur
Afrique de François Mitterrand, et Michel
Roussin, ministre de la Coopération d'Édouard
Balladur, qui venaient d'être reçus en audience par
le président gabonais, j'entre dans le palais de la
Rénovation par le salon marocain. Bongo apparaît.
Nous nous serrons la main de façon plutôt chaleu-
reuse, compte tenu du passé. Il me parle longuement de ses relations avec Paul M'Ba Abessole,
qu'il appelle « le curé ». Précise que c'est son fils
Ali et Samuel M'Baye, patron des services secrets,
qui ont organisé son retour. Me dit souffrir des
critiques lancées contre lui pendant la campagne
alors qu'il connaît tous les secrets de ceux qui
l'attaquent, notamment les détournements commis
par ceux qui ont travaillé avec lui. En revient au
« curé », à qui il reproche d'être mal entouré, mais
qu'il estime néanmoins être le « seul à pouvoir
prendre en charge le Gabon quand il aura appris ».

Il en vient aux propositions alternatives à transmettre au « curé », devenu chef de l'opposition.
Primo : « Il ne se présente pas, fait voter pour moi,
et, après, c'est à lui, car de toute façon je me présente pour la dernière fois. J'ai hésité, mais j'en ai
fait le serment à ma fille qui est morte[1]. » Secundo :
« Nous nous présentons tous les deux, mais nous
nous limitons à notre programme, sans injures, et

---

1. Albertine Amissa Bongo, décédée quelques mois plus tôt.

que le meilleur gagne. Je suis prêt à lâcher le pouvoir. Ça fait déjà longtemps. Je ne ferai pas comme mon beau-père [Sassou-Nguesso, président congolais]. Je suis même prêt, s'il gagne, à effectuer des missions pour lui et à mettre mon expérience internationale à son service. Je ne m'accrocherai pas... »

« On se trompe sur moi, je ne truquerai pas, ça retomberait sur mes enfants et ma famille... Je suis un gros nègre », dit-il à propos, me semble-t-il, des accusations de corruption portées à son encontre. Il est prêt à rencontrer « le curé » en secret. Dans mes notes, je conclus cette partie de notre entretien par : « J'ai le sentiment qu'il est sincère quand il dit qu'il respectera le verdict des urnes... »

Après un diagnostic porté sur la situation au Congo-Brazza[1], il se met à évoquer ses souvenirs français. Bongo a été un acteur capital de la Ve République. Du général de Gaulle à Sarkozy, il a bien connu six présidents français successifs et les principaux acteurs politiques, mais aussi militaires ou économiques. Il n'a pas hésité à intervenir dans la nomination des ministres, voire dans leur limogeage, ou dans celle de hauts fonctionnaires, au premier chef les ambassadeurs affectés à Libreville...

Il prend un vif plaisir à évoquer ses souvenirs. Il a dans la tête le décor de sa dernière entrevue avec

---

1. Après l'instauration du multipartisme, en 1991, la contestation s'élève contre le président élu Pascal Lissouba, déstabilisé en 1993 par des milices armées.

le président Pompidou, qui se bat alors contre la maladie dans d'atroces souffrances. « Vous êtes trop au courant de la politique française pour ignorer ce que j'ai », lui déclare-t-il. Et, toujours selon Bongo, le successeur du Général de poursuivre : « Je ne serai pas encore en terre que Chaban [Jacques Chaban-Delmas, qui avait été son Premier ministre] sera candidat, mais c'est Giscard qui gagnera : il est plus jeune… Il battra Mitterrand, mais, la fois d'après, Mitterrand gagnera, car Giscard se prend pour Louis XV, et ils auront ensuite beaucoup de mal à se débarrasser de Mitterrand. » Et de commenter : « Pompidou avait sûrement fait les mêmes confidences à Jacques Chirac. »

Il continue à citer le même Pompidou :

« Quand vous avez un Premier ministre qui dit "je" et ne parle pas de son président, il faut s'en séparer » – allusion aux relations exécrables du président français avec Jacques Chaban-Delmas. Et Pompidou de demander :

« Entre, d'un côté, un homme qui est une anguille, connaît tous les secrets de la politique, est brillant, intelligent, et, de l'autre, un du genre militaire, qui ne connaît pas beaucoup la politique, qui claque les talons [allusion à Messmer], lequel choisiriez-vous ?

– Le deuxième, répond Bongo.

– Moi aussi », dit Pompidou, qui, ce faisant, lui annonce avant tout le monde la future nomination de Pierre Messmer à Matignon.

Dans la foulée, Omar Bongo prétend que VGE l'a de même averti en premier de la future nomination de Raymond Barre rue de Varenne.

On ne l'arrête plus. Il raconte que VGE lui a demandé d'intervenir auprès de Chirac pour qu'il ne se présente pas contre lui en 1981. Chirac a accepté, mais à trois conditions : qu'il soit maire de Paris jusqu'en 1988 ; que son Premier ministre soit gaulliste, mais pas lui ; qu'il soit le seul candidat de la droite en 1988. Il l'a écrit noir sur blanc sur un papier qu'il était prêt à cosigner avec Giscard. Bongo, qui était installé à l'hôtel de Marigny, est allé à pied à l'Élysée. Il a expliqué quelles étaient les conditions posées par Chirac. « Mais Giscard, très hautain, a refusé. Chirac a fait passer Mitterrand. » Bref commentaire sur Chirac : « Il est très sympathique, mais toujours pressé. »

Bongo me rapporte ensuite que Giscard d'Estaing est venu lui demander des documents contre moi, car je lui avais fait beaucoup de mal avec l'« affaire des diamants[1] ». Puis une pichenette sur François de Grossouvre : « Il vieillit mal, et attaque le président[2]. »

---

1. Allusion visant un article de l'auteur dans *Le Canard enchaîné* du 10 octobre 1979.

2. Ami et conseiller de François Mitterrand qui se retourna contre lui dans ses dernières années et se suicida dans son bureau de l'Élysée le 7 avril 1994.

Rentrant à Paris, je rencontre Bruno Delaye, qui me fait part de son entrevue gabonaise : « Ses collaborateurs sont tendus. Ils n'arrêtent pas de dire que Bongo va gagner facilement. Avec Roussin, il a été question de la campagne électorale. Roussin a transmis un message de rigueur d'Édouard Balladur. Je ne suis pas certain que le courant passe entre Bongo et Roussin. Chirac et Bongo, ça ne va plus... »

Je retourne à Libreville le 21 octobre. En peu de temps, « le curé » a changé du tout au tout. Il se comporte comme s'il était déjà à la tête de l'État. Il est entouré de deux gardes du corps et s'adresse avec arrogance à ses collaborateurs.

Le lendemain, je retourne au palais de la Rénovation pour jouer les médiateurs, conformément au statut que m'ont attribué Bongo et « le curé ». J'entre dans un bureau aux dimensions démesurées. Je découvre une bibliothèque dans laquelle je repère *Secrets d'État*[1] et, sur tout un mur, une multitude d'écrans de télévision. Bongo apparaît. Je pointe mon livre. « Je les ai tous lus... », dit-il. Et il cite *L'Argent noir*[2]. « Le passé est le passé. On a tous changé... »

Il s'amuse beaucoup de la bonne farce qu'il joue à beaucoup de monde en me laissant venir et en me rencontrant. D'aucuns sont venus lui signaler ma

---

1. Livre de l'auteur, Fayard, 1986.
2. Livre de l'auteur, Fayard, 1988.

présence au Gabon. Il prétend leur avoir répondu : « Oui, je sais, il veut me voir... Ils pensent, ils croient... mais c'est moi le chef ! » Et il part d'un grand éclat de rire.

« Avant vous, je recevais le Premier ministre et Zacharie Myboto. Je leur ai dit : Pressez-vous, je reçois Pierre Péan après vous ! – Pierre Péan ? – Oui, Pierre Péan ! »

Et de commenter : « Si vous aviez vu leurs mines incrédules, et si vous les aviez entendus bafouiller ! »

La discussion prend un tour plus sérieux quand il aborde le sujet du « curé » : « Lui est bien, il aime la liberté, mais c'est son entourage... Il manque un peu d'expérience. Moi, je suis près de la sortie... Ce qui m'inquiète le plus, c'est ce qui va se passer au lendemain de la proclamation des résultats. »

Je le rassure en lui disant que je mettrai tout mon poids dans la balance pour obtenir du « curé », s'il gagne, qu'il fasse une déclaration apaisante à la télévision. Bongo préférerait manifestement une proclamation écrite... Je lui fais répéter que, s'il perd, il s'effacera et se mettra à la disposition de Paul. Et lui confie que, le soir même, je fêterai son anniversaire avec « le curé »...

La conversation bascule sur le Burundi ; il dit être très choqué par l'assassinat du président[1]. « J'ai

---

1. Le 20 octobre 1993, Melchior N'Dadayé, premier Hutu élu à la tête du Burundi, est assassiné à Bujumbura après 102 jours de pouvoir.

demandé ce matin à l'ambassadeur de France que Paris soit très ferme, à l'instar des Américains en Haïti[1], et intervienne pour rétablir la légalité. »

En sortant, je suis interviewé par la télévision officielle. L'entourage de Paul ne comprend pas que j'aie pu accepter de rencontrer Bongo.

Je vois Louis Dominici, l'ambassadeur de France. Je lis dans mes notes : « Je crois vraiment qu'il a l'intention de tout faire pour que les élections se passent bien. Il me demande de transmettre quelques messages au "curé". »

Mon séjour au Gabon et mes rencontres avec Omar Bongo font des vagues. À Libreville circule la rumeur selon laquelle j'aurais touché des valises de billets[2], ou que je serais un émissaire de Jacques Foccart et de Paris... À mon grand dam, *La Lettre du Continent*[3] me voit comme « un premier joker » dans le jeu de Bongo. Elle relève en revanche ce que j'avais pressenti : mon voyage a eu un double effet : « Il a autant surpris l'opposition – qui a crié à la trahison – que le "clan des Gabonais", le fidèle réseau de Bongo dans la diplomatie, les services spéciaux et les milieux d'affaires. Étrillés dans *Affaires africaines*, les membres de la "Bongo Connection"

---

1. La CIA est intervenue pour renverser le président Aristide en 1991, avant de le rétablir en 1994.
2. Le chiffre d'un milliard de francs CFA circule !
3. N° 198, daté du 4 novembre 1993.

de Paris ont ainsi fait savoir au "patron" qu'ils appréciaient modérément la présence à ses côtés de leur "cible" favorite. »

Antoine Glaeser parle également de « pacte non écrit, parrainé par la France », entre Bongo et le « curé » : « Le message est le suivant : que le meilleur gagne, le vaincu aura sa place de chef de l'opposition (Abessole) ou une porte de sortie honorable pour lui et sa famille (Bongo)[1]. » Pas mal vu.

Je retourne à Paris et reprends mon enquête pour un ouvrage en cours qui s'intitulera *Une jeunesse française*.

Je reviens au Gabon la veille du premier tour de l'élection présidentielle, qui a lieu le 5 décembre 1993. Le « curé » est si confiant qu'il est persuadé de passer dès le premier tour. Je tente comme je peux de le persuader que ce ne sera pas forcément le cas. Rentré à mon hôtel, je découvre la présence à Libreville d'une centaine d'observateurs, pour une bonne part proches de Bongo. Jean-Paul Benoît est le chef d'une délégation d'observateurs de la CEE. Benoît est un vieil « Africain » qui a commencé sa carrière au cabinet de Pierre Abelin, ministre de la Coopération de 1974 à 1976.

L'après-midi du dimanche, je fais le tour des bureaux de vote. Tout est calme. Climat confirmé par Benoît, qui revient de l'intérieur du pays.

---

1. In *La Lettre du Continent*, n° 198, 4 novembre 1993.

Je dîne avec « le curé », qui ne semble absolument pas inquiet à l'approche des résultats. Il
n'écoute pas la radio. Il s'énerve des coups de
fil qui nous dérangent. Autour de la table, tout
le monde est persuadé qu'il n'y aura qu'un tour.
J'essaie une fois de plus de calmer les ardeurs de
Paul et de son entourage. Pas facile : des bribes
de résultats nous parviennent, qui le confirment
dans son impression. Il parle de partir prochaine-
ment se reposer à Paris ! Dans la rue retentissent
des cris et des slogans de victoire. Paul dit qu'il
ne faut pas se montrer triomphaliste. La rumeur
monte.

Nous partons en voiture vers le nouveau QG des
Bûcherons, nom de son parti. Paul a déjà passé ses
habits de président. J'obtiens qu'il envoie quelqu'un
à Radio-Liberté, sa radio, pour demander aux journalistes de se borner à diffuser les résultats, sans
cris de victoire. L'ambassadeur de France est affolé
par les accents triomphaux de Radio-Liberté et a
peur des dérapages. Les médias des deux camps
sont aussi optimistes les uns que les autres.

Le lundi, Louis Dominici, toujours aussi inquiet,
me remercie de calmer le jeu. À chaque contact, il
insiste sur le rôle important que « le curé » jouera
désormais, quel que soit le résultat du scrutin. Il
compte sur moi pour l'aider à ménager cette transition sans heurts.

Au cours d'une conférence de presse, les observateurs concluent que les Gabonais ont eu la

possibilité de s'exprimer librement et qu'il n'y a pas eu volonté délibérée de fraude.

En fin d'après-midi, j'apprends que des « bûcherons » se sont équipés de barres de fer et se montrent très excités. Une voiture « bûche-ronne » émet de violents slogans : « Bongo, voleur ! Assassin !... » « Le curé » estime qu'il y a partout trop de militaires et que c'est une provocation. J'ai beaucoup de mal à le convaincre d'apaiser ses troupes. Un appel au calme est finalement lancé sur Radio-Liberté, demandant aux « bûcherons » de rester chez eux.

Je téléphone à l'ambassadeur.

Mardi 7 décembre : lever aux accents de Radio-Unité qui continue de faire comme si Bongo était déjà réélu et qui, comme la veille au soir, tombe à bras raccourcis sur l'opposition, qu'elle accable de tous les péchés. Elle ne lui voit aucun avenir.

Contact avec « le curé », qui signale des bourrages d'urnes à Bongoville, Lékoni, Nkoni et Bitam. Discussion avec l'ambassadeur de France, qui souligne l'importance que la France attache à ce que tout se passe le mieux possible – elle n'acceptera pas une élection frauduleuse. Je le crois toujours sincère.

Dans l'après-midi, le ton monte en ville contre les Français.

Rencontre avec Jean-Paul Benoît, qui me dit qu'il y aura un second tour. Bongo serait autour de

41 %, et Paul, autour de 39 %. Si c'est vrai, c'est gagné pour « le curé », qui dispose d'une importante réserve de voix. Benoît confie que personne n'ose faire part de cette estimation à Bongo : « On devrait annoncer tout de suite qu'il y a un second tour pour calmer le jeu », dit-il.

Radio-Liberté s'en prend à Hassane Diop, journaliste à RFI, pour avoir annoncé que Bongo l'emporterait dès le premier tour. La radio prétend que les troubles sont le fait de loubards soudoyés par le pouvoir, et demande à ses partisans de ne pas répondre à des provocations qui ont pour seul but de justifier une répression...

« Le curé » vient à l'hôtel rencontrer les parlementaires européens. Il est satisfait d'entendre Jean-Paul Benoît lui déclarer :

« J'ai dit à Bongo que, s'il gagne avec de la fraude, il ne pourra se maintenir. »

Un communiqué de la CEE fait état de fraudes dans le Haut-Ogooué et la Ngounié...

Mercredi 8 décembre : l'ambassadeur a changé de ton à la suite des menaces planant sur la communauté française. Cinq groupes d'une trentaine de personnes sillonnent la ville d'une façon qui ne peut être spontanée. Il ne pense pas que « le curé » ait donné des consignes, mais demande qu'il intervienne : « Les loubards sont armés de bâtons et ont à la main un sac de plastique contenant un cocktail Molotov », précise Louis Dominici.

Paul donne alors l'ordre d'annuler la marche qui partait de Rio[1], et se rend sur place. À son arrivée, il sent qu'il n'est plus possible de revenir en arrière et préfère reprendre l'initiative en marchant en tête de cortège et en modifiant l'itinéraire du défilé de sorte qu'il évite les points stratégiques. J'ai peur que mon ami Paul ne soit vite débordé...

Jeudi 9 décembre : peu d'informations nouvelles, si ce n'est que quelques gouverneurs auraient refusé de remettre les procès-verbaux.

J'organise un rendez-vous entre Paul et l'ambassadeur. Celui-ci demande au chef de l'opposition de réfléchir, en cas de défaite, à la possibilité de devenir Premier ministre. Paul dit que c'est impossible. Je commence à m'inquiéter de la tournure des événements, d'autant plus que les explications du diplomate me semblent tordues. « Je ne suis mandaté ni par Bongo ni par Paris, dit-il, mais je suis capable d'imposer une formule d'intégration de Paul au poste de numéro 2 en cas de défaite. Je veux à tout prix la paix ; quels que soient les résultats, Bongo ne peut plus rester longtemps à la tête du pays. Il faut donc organiser la transition. Et la France, qui pousse depuis quelques jours déjà à un second tour, quels que soient les résultats, convaincra Bongo de se préparer au départ. Paris

---

1. Quartier populaire de Libreville d'où partent en général les manifestations anti-Bongo.

a très peur de l'entourage de Paul, notamment de Jean-Pierre Lemboumba ; ces gens sont antifrançais et veulent le pouvoir en se servant du "curé" dans un premier temps, puis en lui faisant un croche-pied dans un second temps. Il est clair que, désormais, le candidat de la France pour l'avenir – au cas où il ne gagnerait pas aujourd'hui – est Paul... »

Autrement dit, Paul est, à terme, le candidat de la France, mais doit accepter, dans un premier temps, d'être numéro 2...

Peu après, l'ambassadeur me déclare qu'il ne « sent » plus la situation : tout bouge trop vite, les choses lui échappent. Il voudrait que Paul lui propose une sortie de crise. « Bongo, dit-il, se durcit et commence à mal réagir aux pressions extérieures, notamment aux miennes, pour qu'il y ait un deuxième tour, même s'il gagne. C'est trop ric-rac. » Il suggère que Paul émette la proposition de reporter le second tour de trois mois, et que ce scrutin soit préparé par des spécialistes étrangers. « Ça calmerait les esprits... »

Je me range à cette proposition. Paul aussi. Après cette acceptation, Louis Dominici dit vouloir essayer de précipiter un rendez-vous avec Bongo pour le convaincre d'accepter.

Les forces du changement ont rendez-vous avec l'ambassadeur à 16 heures, et leurs leaders demandent tout naturellement à la France de faire en sorte de stopper la mascarade. Progressivement, ils en arrivent d'eux-mêmes, sans intervention du

« curé », à formuler une proposition proche de celle que nous avions mise au point.

L'ambassadeur me dit être confiant pour la suite et suggère que je reprenne l'avion pour rentrer à Paris. Paul croit lui aussi que la France va imposer à Bongo la solution retenue. Avant de me laisser rejoindre l'aéroport Léon-M'Ba, Louis Dominici me remercie de l'avoir aidé à assurer le bon déroulement de cette élection, la première après le discours de La Baule[1] et l'avènement du multipartisme.

Vendredi 9 décembre : vers 9 h 30, l'ambassadeur m'appelle chez moi, à Bouffémont, et me demande d'exhorter « le curé » à « rester au-dessus de la mêlée ». Je ne comprends pas d'emblée ce qui se passe. J'apprends ensuite que, alors que je venais de monter dans l'avion, Bongo s'est déclaré vainqueur. J'apprendrai plus tard que cette déclaration a été suggérée par l'ambassadeur de France en personne, et que Michel Roussin a téléphoné dans la soirée à Bongo. Je me suis fait rouler dans la farine ! Par Bongo, par Dominici et par ceux qui, dans le gouvernement de cohabitation, Charles Pasqua en tête, ont décidé d'imposer coûte que coûte Bongo en dépit du verdict des urnes. J'ai donc, malgré moi, cautionné indirectement ces « journées des dupes ».

---

1. Voir p. 36.

Je m'apercevrai peu après que je me suis aussi également mépris sur Paul M'Ba Abessole, qui n'a pas tardé à être aspiré à son tour dans le « système Bongo ». Toutes les élections qui suivront seront truquées. Y compris celle au terme de laquelle Ali Bongo deviendra président, un apprenti fraudeur succédant à un maître fraudeur...

6.

« La tirelire de la Ve »

Avancer que le Gabon a financé partis et hommes politiques français ne constitue pas un scoop. Il suffit de taper sur un ordinateur « Bongo et financement des partis » pour s'en rendre compte. La dernière occurrence est une révélation de WikiLeaks, relayée par *El País* en date du 29 décembre 2010. Près de 30 millions d'euros auraient été détournés de la Banque des États d'Afrique centrale (BEAC) par le défunt président gabonais. Cette somme aurait contribué à financer des partis et des hommes politiques français, plus particulièrement du côté du clan chiraquien, mais aussi dans le camp Sarkozy. L'information n'en a pas moins, comme à l'habitude, suscité un tollé dans la classe politique. Or il est bien connu que Bongo avait érigé la distribution d'enveloppes en papier kraft aux uns, de mallettes de billets aux autres, en système de gouvernement, aussi bien à l'intérieur qu'à l'extérieur de son pays. D'un côté, il achetait la paix civile, de l'autre, la bienveillance et la protection françaises. On n'a aucune peine à imaginer ce qu'il avait à l'esprit quand il entendait tel ou tel lui faire la morale. De façon systématique, la sébile tendue à Bongo a fait partie des us et coutumes de la vie politique française sous la Ve République.

J'ai beaucoup écrit sur le sujet, à commencer par *Affaires africaines*. Après avoir financé le « système Foccart », Bongo s'est intéressé de près à la campagne présidentielle de 1981. Il avait décidé de tout faire pour que Jacques Chirac soit élu. Il n'aimait pas Giscard – pas seulement à cause de ses réticences à nommer Maurice Robert ambassadeur à Libreville. Non seulement le courant ne passait pas entre eux, mais le président gabonais rendait son homologue français responsable de la détérioration du climat politique en Afrique. Les contentieux entre les deux hommes se multiplièrent, et, après avoir rencontré Giscard en octobre 1980, Bongo me confia : « On me dit souvent : "Monsieur le président, on compte sur vous..." Après ça, tout le monde m'attaque... Et, de surcroît, on mène parallèlement une autre politique ! »

C'est dans ce contexte tendu qu'au tout début de 1981 l'Élysée apprit qu'une fois de plus l'argent du pétrole gabonais coulait plus volontiers dans les caisses du RPR. Les apaisements prodigués par Bongo ne suffisant pas, VGE téléphona ou fit

téléphoner à plusieurs reprises à Libreville. L'affaire
fut finalement jugée assez importante pour qu'une
réunion consacrée à ce sujet se tînt au palais du
Bord de mer. Décision fut prise d'envoyer une
mission à Paris afin de calmer l'Élysée. Une note
préparatoire y fut remise, le 27 mars, par Georges
Rawiri, vice-Premier ministre, et Julien M'Pouho,
ministre de la Défense, parent de Bongo. Elle sera
publiée par *Le Canard enchaîné* le 13 octobre 1982,
un an et demi après la défaite de VGE et l'élection
de François Mitterrand.

Dans cette note, Bongo, craignant les conséquences de son soutien au parti gaulliste en cas
d'élection de Giscard, avait échafaudé tout un scénario pour apaiser le président français. Il jouait
l'innocent à propos du financement gabonais du
RPR et « chargeait » son ministre du Pétrole et
certains employés d'Elf. Il minimisait en outre
les sommes versées au parti de son ami Chirac.
Après avoir fait donner les cuivres pour exprimer
toute l'admiration et l'amitié qu'il vouait à Giscard,
Bongo reconnaissait que 2 millions de francs (seulement ?...) avaient été expédiés au RPR par les
soins d'Elf-Aquitaine, à partir du « pétrole vendu
pour le compte du Gabon ». Le président gabonais
jurait de faire tout ce qu'il pourrait « pour assurer
la victoire de son ami Valéry Giscard d'Estaing »,
et déclarait avoir prodigué « des conseils de modé-
ration et de souplesse » à Jacques Chirac, lequel

s'était engagé « à suivre ce que le président Bongo lui avait dit ».

VGE, lui, n'a rien oublié. Juste après la mort d'Omar Bongo, il lança sur Europe 1, le 9 juin 2009 : « Normalement, on n'acceptait pas les versements de fonds provenant de pays étrangers qui soutenaient des candidats en France, et j'ai appris que Bongo soutenait financièrement Jacques Chirac [...]. Moi, j'étais président de la République à l'époque, j'ai appelé Bongo et je lui ai dit : Vous êtes bien aimable, mais vous soutenez la campagne de mon concurrent. Alors il y a eu un temps mort que j'entends encore, et il m'a dit : Ah, vous le savez ? C'était merveilleux ! À partir de ce moment-là, j'ai rompu mes relations avec lui », conclut l'ex-président, toujours aussi en peine de se faire à l'idée d'avoir échoué en 1981.

Albert Yangari, conseiller en communication de Bongo, m'avait confié, à l'époque, que les dons gabonais aux partis politiques français s'élevaient pour le scrutin de 1981 à environ 20 millions de francs, le RPR ayant bénéficié de la plus grande part. Yangari avait suggéré à Bongo de ne pas négliger le PS, et, peu après la présidentielle, il me raconta comment il avait pris rendez-vous, en avril 1981, rue de Solférino, pour y apporter une modeste valise de billets, convaincu qu'il serait éconduit. Le cadeau ayant été accepté, il revint entre les deux tours avec une seconde valise de

plus notables proportions ; celle-ci fut aussi aisé-
ment acceptée, mais par un autre interlocuteur...

Rappelons toutefois aux plus jeunes lecteurs que,
jusqu'au début des années 1990, le financement
des partis n'était pas – ou guère – réglementé. La
circulation des valises de billets était, si l'on peut
dire, monnaie courante. C'était le temps où Marcel
Dassault était fier de « financer la démocratie »,
disait-il, avec des enveloppes remplies de billets de
500 francs... Où Hassan II, roi du Maroc, Mobutu,
président du Zaïre, et d'autres chefs d'État africains, adeptes du même sport, pratiquaient beaucoup le lâcher de valises...

La scène décrite par Christine Deviers-Joncour
dans *La Putain de la République*[1], qui prend place
au début des années 1990, est représentative des
pratiques franco-gabonaises. Elle s'est depuis lors
reproduite de nombreuses fois sous tous les gou-
vernements français, de droite comme de gauche.
Une Jeep, avec à son bord trois Blancs en short
kaki, verres fumés sur le nez, suivie d'une Mercedes
gris acier à l'arrière de laquelle sont installés deux
Blancs, fonce sur le boulevard Omar-Bongo-
Ondimba, bordé d'immeubles modernes : ceux
du ministère du Pétrole, du Sénat, de l'Assemblée nationale et de l'Hôtel de ville. Les véhicules
tournent à droite en direction de la voie Georges-
Pompidou, qui borde le front de mer. Cap sur

---

1. J'ai lu, 1999.

l'« Aviation », comme on dit à Libreville pour désigner l'aérogare – jusqu'à la piste. Le convoi s'arrête à la coupée d'un avion blanc marqué « République française » : « Le chauffeur se précipite pour ouvrir le coffre. Les deux hommes [ceux de la Mercedes] le rejoignent. Il y a là trois grosses valises en toile et cuir brun. Et aussi une mallette dont se contente l'homme le plus âgé [...]. À l'arrivée à Villacoublay, il n'y a pas de formalités, pas de police ni de douane. Juste deux voitures attendent. L'une prendra les valises pour aller les porter en lieu sûr. L'autre [transportera] le ministre et son conseiller. Le ministre gardera sûrement la mallette en souvenir de ce voyage éclair... »

Des proches d'Omar Bongo m'ont raconté, détails à l'appui, que, lors de l'élection présidentielle française de 2007, les mallettes ont beaucoup circulé, et que toutes ne furent pas à destination du vainqueur. Le chiffre de 10 millions d'euros m'a été avancé comme montant de la contribution gabonaise au financement de cette campagne.

Ancien grand argentier, plus proche collaborateur de Bongo, Jean-Pierre Lemboumba est bien placé pour donner son avis sur le financement d'hommes politiques français. Interviewé par *Jeune Afrique* le 19 octobre 1999, il répond :

« C'est une vérité de La Palice que d'affirmer que beaucoup de chefs d'État africains participent au financement de partis politiques étrangers [...]. Les sommes qui alimentent les caisses des

partis politiques et de certaines personnalités pro-
viennent pour la plupart de ressources publiques.
Ces transferts, souvent importants, s'opèrent au
détriment de nos pays, qui en auraient pourtant
grand besoin pour équiper les hôpitaux, les écoles,
et pour lutter contre le sida... Ce système, qui
crée – surtout en période électorale – une sorte
de dépendance du bénéficiaire vis-à-vis du pourvoyeur de fonds, peut présenter, à la longue, un
danger pour des pays appelés à développer des
relations d'État à État, et non pas des relations
entre individus. »

Robert Bourgi, qui appelait Omar Bongo « Papa »,
a sans doute livré le plus de détails sur la circulation
des subsides en provenance d'Afrique, notamment
du Gabon, pour mon ouvrage intitulé *La République
des mallettes*[1]. Il évoque notamment la bagatelle de
5 millions de dollars que Bongo, selon lui, aurait
fait parvenir – il ne précise pas à quel titre – à
Dominique de Villepin. Et de me raconter une
scène remontant à septembre 2005 et se déroulant
dans le pavillon de musique au fond du jardin
de Matignon. « Robert, vous sentez le soufre, je
ne veux plus vous voir jusqu'à la présidentielle.
Vos liens avec Bongo et Sassou puent, l'argent de
Bongo pue !... » lui lance le Premier ministre en
survêtement, tout en se pinçant le nez. Il explique à
son Monsieur Afrique qu'il ne veut pas de l'argent

---

1. Fayard, 2011.

de Bongo pour financer sa prochaine campagne, car, dit-il, « c'est trop dangereux ». Bourgi prétend lui avoir alors répondu : « Depuis dix ans, vous n'avez pas trouvé que l'argent de Bongo, Sassou, Mobutu et d'autres puait et sentait le soufre. Cet argent, ils vous l'ont fait parvenir sans aucun retour de votre part... »

Robert Bourgi récuse avec la dernière énergie une tout autre version de sa rupture avec Dominique de Villepin et de son ralliement à Nicolas Sarkozy ; celle émise par Michel de Bonnecorse, diplomate qui a occupé la fonction de chef de la cellule Afrique auprès du président Chirac de 2002 à 2007 : « Alors qu'il semblait évident qu'il y aurait deux candidats à droite, m'explique celui-ci, Robert Bourgi estima qu'il était temps de tendre la sébile pour les deux. Il se rendit à Brazzaville et Libreville et obtint de Denis Sassou-Nguesso et d'Omar Bongo des sommes conséquentes. Il rentra à Paris alors que Dominique de Villepin était à terre après l'échec retentissant du CPE[1], en avril 2006, son projet de loi retiré. Tout logiquement, Bourgi estima que, désormais, la route était dégagée pour Sarkozy : Villepin était cuit... Et, au lieu de remettre une mallette à chacun, il n'en a fait qu'une, plus grosse, et l'a déposée aux pieds du ministre de l'Intérieur. Le retour sur investissement a été immédiat après

1. Le projet de loi de « Contrat premier emploi », qu'il doit retirer après de puissantes manifestations de rue.

l'élection de Nicolas Sarkozy : Bongo a été un des
tout premiers, sinon le premier, chefs d'État appelés
par le nouveau président. Par peur que le privilège
de la première visite officielle à Paris ne suscite des
réactions sur le thème de la Françafrique, Omar
Bongo n'a pas été reçu le premier à l'Élysée, mais
le second. »

Inutile de préciser que Dominique de Villepin,
pour sa part, réfute vigoureusement les propos de
Robert Bourgi.

À la suite de la publication de *La République des
mallettes*, Robert Bourgi a affirmé dans un entretien
accordé à BFM-TV : « Je le dis aujourd'hui, même
si je n'aime pas faire parler les morts : M. Jean-
Marie Le Pen a été reçu par le président Bongo,
et le président Bongo a financé la campagne électorale de M. Jean-Marie Le Pen en 1988. » Propos
récusés par le fondateur du Front national. Dans le
livre *Le Pen. Une histoire française*, que j'ai cosigné
avec Philippe Cohen[1], nous sommes revenus sur
les rapports entre Le Pen et Bongo. Lorrain de
Saint-Affrique, ancien conseiller du président du
FN, a déclaré que ce qu'avançait Robert Bourgi
était « fondé sur une réalité. J'en ai été témoin en
1988. Il y a d'ailleurs beaucoup de témoins de
tout cela. » Robert Bourgi a précisé que Le Pen
avait touché environ 1 milliard de francs CFA, soit
environ 1,5 million d'euros.

---

1. Robert Laffont, 2012.

Les carnets d'Yves Bertrand[1], ancien patron des RG, permettent de visualiser des personnages qui se rendent, sébile à la main, chez Omar Bongo pour le compte de responsables de parti. L'échantillonnage correspond grosso modo à l'ensemble de la classe politique française : « Bongo remet 900 000 francs à X » (important ministre socialiste) ; Jean-Noël Tassez, ancien patron de RMC, « introduit Sarko chez Bongo et prend le fric en liquide » ; Michel Roussin « a proposé à Bongo des circuits fermés à Zurich ». Ces notules, comme d'autres, ont bien sûr été contestées en justice.

En dépit de l'absence de preuves qui permettraient de citer en clair les noms des bénéficiaires, il est assuré que le Gabon de Bongo a été, pendant des décennies, un des financeurs les plus importants, si ce n'est le plus important, de la vie politique française, et le fidèle pourvoyeur d'argent de poche de nombreuses élites françaises...

---

1. Fayard, 2009.

7.

Les fantasmes gabonais
sur les relations entre « ABO » et « M6 »

La relation des confidences des *happy few* gabonais sur ce qui se tramerait à la Pointe-Denis et à Ekwata entre Ali Bongo, Mohammed VI (« M6 »), Maixent Accrombessi et quelques autres Gabonais remplirait à elle seule un plein volume. Un volume à ranger au rayon « Enfer » des bibliothèques et qui vaudrait maints procès à son ou ses auteurs. Il y est question de rencontres qui n'ont rien de politique, de « chair fraîche » qui ne vient pas seulement là pour se baigner ou bronzer, mais aussi, comme toujours quand il s'agit par ici de gens de pouvoir, d'histoires de sacrifices. Qu'y a-t-il derrière ces rumeurs ou ces ragots qui sont une spécialité gabonaise ?

Une certitude : Ali est proche de « M6 ». Ils se voient fréquemment, font affaire ensemble – ainsi dans la mine d'or de Bakoudou[1], au Gabon. Leurs pères étaient déjà liés par une indéfectible amitié. Il y avait l'aspect officiel, les traités scellés entre les deux pays, les échanges commerciaux, les facilités consenties aux entreprises marocaines au Gabon, la présence de Marocains dans la Garde présiden-tielle, le soutien de Libreville à Rabat dans la ques-tion sahraouie. Hassan II et Omar se rencontraient souvent. Le second se fit construire un somptueux palais dans la capitale administrative chérifienne, où il venait souvent se reposer, entouré d'une bonne partie de ses collaborateurs. Partageant une même vision de l'Afrique, les deux dirigeants n'hésitaient pas à commanditer ensemble des actions clandes-tines pour parvenir à leurs fins.

Une de ces opérations, tombée en partie dans le domaine public, a été celle montée, début 1977, par Bob Dénard et ses mercenaires pour renverser le régime communiste de Kérékou, au Bénin. L'opération fut financée conjointement par le Gabon et le Maroc. Les mercenaires s'étaient entraînés discrètement sur la base de Ben Guerir, la plus importante du Maroc, à 72 kilomètres de Marrakech. Quand leur DC8 s'apprêta à décol-ler pour le Gabon, première étape de leur expé-dition avant le putsch, c'est le colonel Dlimi, alors commandant des Forces armées royales, qui

---

1. Les réserves de cette mine sont estimées à 1,7 million de tonnes d'or.

passa en revue les « chiens de guerre ». Alexandre de Marenches, alors patron du SDECE, ami de Hassan, également proche de Bongo, approuva l'opération. Bénédiction française également dispensée par Maurice Delauney, ambassadeur de France à Libreville. C'est à l'ambassade que certains mercenaires se procurèrent leurs faux passeports français. Précisons que cette belle énergie clandestine fut gaspillée en pure perte : l'opération Banalia constitua en effet un cuisant fiasco.

La proximité entre le président du Gabon et le monarque chérifien se projeta sur leurs enfants. Ali et le prince héritier se voyaient souvent, devinrent complices. On dit même à Libreville qu'ils scellèrent un pacte du genre « À la vie, à la mort ». Alain-Ali était souvent invité aux soirées très privées de Mohammed. Toujours est-il que « M6 » possède une splendide villégiature à Ekwata, au sud de la Pointe-Denis, en face de Libreville, de l'autre côté de l'Estuaire. Elle est interdite au public, et son accès n'est possible que par mer ou par hélicoptère. Alors qu'il n'était encore que prince héritier, « M6 », fou de scooter des mers – à tel point que Bziz, humoriste marocain, l'a baptisé « Sa Majetski » ! –, aimait déjà donner libre cours à sa passion au large des plages de la Pointe-Denis et d'Ekwata, puis se baigner à l'abri des regards et des appareils photo.

Au début, il descendait dans la superbe villa de son ami Ali. Omar Bongo convoqua un jour la propriétaire du petit village-club d'Ekwata, situé sur la rive gauche de l'Estuaire, derrière les pointes Komo et Pongara, face à l'océan. On pouvait y arriver par la rivière Denis, en traversant la mangrove, la plaine et la forêt, ou par l'océan en franchissant la barre de l'Estuaire.

– Combien vendez-vous Ekwata ? lui demande le président gabonais.

– Le club n'est pas à vendre, monsieur le président.

– Je vous demande combien vous en voulez !

La dame répéta qu'il n'était pas à vendre, mais comprit vite qu'elle n'avait pas le choix. Le président lui en offrit une somme bien supérieure à sa valeur de marché. Puis il en fit cadeau à Mohammed VI, qui y entreprit de gros travaux. Celui-ci se rend ainsi avec une partie de la famille royale sur les terres qui appartenaient jadis à Denis Rapontchombo, premier souverain du Gabon. Avec son sable blanc, sa mer limpide, ses bungalows, Ekwata était considéré comme le plus beau joyau du tourisme gabonais. Il est désormais même interdit d'y aller à pied, ne serait-ce que pour y jeter un coup d'œil : « M6 l'a acheté. » Les habitués de la Pointe-Denis savent néanmoins quand le roi y séjourne, car un hélicoptère de la présidence veille à sa sécurité, y compris quand il fait du scooter des mers. Ils subodorent peut-être que la présence royale est importante pour le président gabonais. Ils ne savent probablement pas que « M6 » joua un rôle de premier plan dans la décision de Nicolas Sarkozy de soutenir son ami Ali plutôt que Pascaline, sa sœur. Et qu'il aurait mis la main à la poche pour venir en aide à Ali dans sa campagne présidentielle de 2009. À Libreville, le chiffre de 5 milliards de francs CFA (soit 7,6 millions d'euros) a été avancé. Une goutte d'eau, comparés aux 50 millions de dollars censés avoir été apportés par cheikh Nasser al-Mohammed al-Ahmed al-Jaber al-Sabah, Premier ministre du Koweït...

J'ai bien conscience que ces faits disparates, les uns établis, les autres supposés, ne suffisent pas à expliquer la proximité entre « M6 », « ABO » et son entourage. Cette complicité relève-t-elle du seul fantasme gabonais, ou d'un « secret-défense » aux contours ignorés ?

8.

Quand Omar Bongo se livre à un incroyable *mea culpa* sur son règne

Le 2 décembre 1804, le premier consul est sacré empereur. Le 2 décembre 2007, après quarante ans de règne, le vieux Bongo s'est lui-même « désacré ». Se sachant gravement malade, conscient que sa femme vivait ses dernières semaines, il s'est livré à une analyse implacable, sans concessions, de ses quatre décennies de pouvoir. Un testament accablant.

Je l'avais rencontré le mardi 20 novembre en fin de matinée pour mettre au point un plan de rencontres destinées à nourrir un projet de livre sur sa vision de la France et de sa classe politique, estimant qu'il en était probablement le meilleur connaisseur. Ces questions d'agenda réglées, il me parla longuement et en termes brutaux de ses ministres et collaborateurs, plus préoccupés par leur enrichissement personnel que par l'intérêt public, et il m'annonça qu'il allait taper sur la table à l'occasion d'un prochain discours : « Ça va les secouer... » Puis il me demanda si je pouvais lui rédiger une note à ce sujet. Ce que je fis l'après-midi même.

À la différence des barons gabonais, d'Ali et de Pascaline, je ne fus pas déçu. Personne n'avait l'air de comprendre ce qui avait bien pu prendre au « Vieux »... Dans son discours, il accusa purement et simplement la classe dirigeante gabonaise d'avoir fait « main basse » sur les fonds destinés au développement : « Je sais que l'état de notre réseau routier, de nos infrastructures sanitaires et scolaires, de nos moyens de transport publics, a connu une grave dégradation », a-t-il reconnu sans afficher personnellement le moindre regret. « L'État est aujourd'hui affaibli par l'ethnisme, le clientélisme, l'affairisme, la corruption, une politisation outrancière, qui ont gangrené les pouvoirs publics », a-t-il encore estimé avant d'insister sur le fait que les « détournements », la « course à l'enrichissement illicite », l'« impunité ambiante » dans la haute fonction publique, avaient été autant de freins au développement d'un pays disposant de considérables ressources en bois et en minerais. Il a accusé la classe dirigeante, depuis le retour au multipartisme, en 1990, de « consacrer beaucoup trop de temps à la politique [...] au détriment de l'action publique ». « Le gouvernement ne saurait être un rassemblement de roitelets », a-t-il lancé en demandant à son Premier ministre, Jean Éyéghé Ndong, de former, « le moment venu », une nouvelle équipe « resserrée », plus intègre et plus efficace. « Je constate, pour le regretter chaque jour, que nous n'avons pas toujours fait ce qu'il fallait pour préserver les nombreux acquis engrangés au fil des ans », a poursuivi Bongo, déplorant « le coût de la vie et le chômage » élevés. « Il est grand temps que la classe dirigeante [...] cesse de ne s'investir que pour elle-même au détriment de l'action publique », a-t-il conclu.

Le diagnostic, justifié, est à l'évidence incomplet : il omet de critiquer le système Bongo lui-même, dont le moteur n'a jamais été la recherche du bien public, mais la corruption. Le « Enrichissez-vous » du pseudo-Guizot africain n'a pas eu pour effet de créer une classe bourgeoise nationale productive, mais d'instaurer une économie de rentiers. La captation forcenée des flux d'argent par les « barons » a entraîné, du haut jusqu'en bas de la hiérarchie sociale, un esprit de lucre. Bongo a oublié de dire que la classe dirigeante qu'il stigmatise est sa propre création, et qu'au faîte de cette classe il y a lui-même, sa famille et ses proches.

J'ai toujours exprimé des réserves sur la façon dont la justice française a envisagé la question des biens mal acquis (BMA) des dirigeants africains de l'ex-pré carré. Il y a, je l'ai déjà dit, un fort relent néo-colonialiste dans cette prétention à juger chefs d'État, ministres et hauts fonctionnaires africains, à s'attribuer le pouvoir de les arrêter aux frontières, de les condamner, et à s'arroger ainsi le droit de décider qui est apte à gouverner les anciennes colonies françaises. Si les détournements de biens publics sont évidemment répréhensibles, c'est aux Africains eux-mêmes, dotés de références culturelles qui ne sont pas forcément les nôtres, de régler la question. Je prends le risque de ne pas paraître « politiquement correct » en affirmant que notre prétendu universalisme n'est pas à même de définir, toujours et en tous lieux, les contours précis de la corruption. Cela dit, il est exact que les Gabonais, dans leur grande majorité, estiment que les détournements opérés par le régime Bongo sont inacceptables et handicapent lourdement le développement du pays.

Sans m'attarder sur l'ampleur des BMA gabonais, traités à longueur de colonnes et de documentaires par les médias français, il n'est pas inutile de les rappeler tels qu'ils étaient connus du public au moment du testament du 2 décembre, donc avant même que l'affaire ne devienne politico-judiciaire. Un document du CCFD[1], intitulé *La Fortune des dictateurs et les complaisances occidentales*, fait le point en 2007.

_____

1. Comité catholique contre la faim et pour le développement.

Alors que le Gabon exporte à ce moment plus de 13 millions de tonnes de pétrole brut par an, Joseph Hanlon, économiste britannique, spécialiste du développement, estime la dette publique contractée par Bongo, toujours au pouvoir, à 4 milliards de dollars. Le dictateur gabonais confondant budget de l'État et revenus personnels, ce chiffre donne une idée de l'enrichissement colossal du clan Bongo après trente-neuf ans de confiscation du pouvoir.

Dans *L'Or des dictatures*[1], Philippe Madelin listait déjà les différents biens du clan Bongo : deux villas aux États-Unis, une propriété à Nice, un appartement parisien avenue Foch, des participations dans plus de cinquante sociétés gabonaises ou étrangères. Il aurait été à l'époque le plus grand propriétaire immobilier de Libreville. Il se déplaçait à bord d'un DC8 rénové grâce à un prêt de 16 millions de francs du Fonds français d'aide et de coopération. Comme Obiang[2], Bongo a bénéficié de la rente pétrolière de son pays et des différentes commissions qu'il percevait du groupe Elf pour accroître sa fortune personnelle. Ainsi, il possédait en copropriété avec Elf et Denis Sassou-Nguesso la Banque française intercontinentale (FIBA), domiciliée à Libreville, qui recevait à l'époque toutes les

---

1. Fayard, 1993.

2. Président de la Guinée équatoriale, dont le fils Teodoro est compromis jusqu'au cou dans l'affaire des BMA.

commissions versées par la compagnie pétrolière pour l'obtention de contrats.

En 1999, au cœur de l'instruction de l'affaire Elf, le Sénat américain a publié un rapport d'enquête – à l'initiative du sénateur démocrate Carl Levin – sur l'origine de la fortune du président gabonais. On peut y lire les informations suivantes : « M. El Hadj Omar Bongo est devenu client de la Citibank en 1970. En près de trente ans, le président du Gabon et sa famille ont tissé des relations étroites avec le département de gestion privée de la Citibank à New York. Ils ont détenu de multiples comptes auprès de ses différents bureaux, à Bahreïn, au Gabon, à Jersey, à Londres, au Luxembourg, à New York, à Paris et en Suisse, que ce soient des comptes courants, des fonds de placement, des dépôts à terme ou des comptes d'investissement. La plupart des comptes gérés à New York ont été ouverts au nom de Tendin Investments Ltd, une société écran située aux Bahamas, cédée au président Bongo en 1985. Quant aux comptes gérés à Paris, ils ont été établis au nom d'une deuxième société écran, Leontine Ltd. En outre, le bureau de New York a ouvert en 1995 un compte bancaire intitulé "OS" dont le titulaire n'est autre qu'Omar Bongo. [...] Le président Bongo détient d'autres comptes en Suisse. Se retranchant derrière les lois sur le secret bancaire, la Citibank n'a fourni aucune information sur ses avoirs en terre helvétique. »

On découvre plus loin qu'une partie de cet argent aurait servi à financer sa campagne électorale de 1993, ainsi que le voyage des Bongo aux États-Unis pour le 50ᵉ anniversaire de l'ONU (1,6 million de dollars). Les sénateurs n'ont en tout cas aucun doute sur la provenance des fonds : « Les fonds gouvernementaux du Gabon sont bien la source première des avoirs se trouvant sur les comptes d'Omar Bongo. »

Au total, le montant des avoirs du président gabonais tels qu'ils ont été placés sur ses différents comptes bancaires à la Citibank de New York entre 1985 et 1997 serait d'environ 130 millions de dollars. En 1997, la Citibank rompt ses relations avec le gouvernement de Libreville et décide de fermer tous ces comptes. Pour autant, Bongo ne sera jamais inquiété, ni aux États-Unis, ni en Europe. En 2001, dans son livre *Blanc comme nègre*[1], il déclare à Airy Routier : « Omar Bongo n'a pas de comptes en Suisse ! Celui qui trouvera un compte de Bongo en Suisse, je l'embrasserai et lui servirai du champagne ! »

Pourtant, en 1997, en plein cœur de l'affaire Elf, à la suite d'une commission rogatoire internationale délivrée par la France, un magistrat suisse, Paul Perraudin, saisit les comptes d'Alfred Sirven et d'André Tarallo. Il recherche les bénéficiaires en dernière instance de cet argent. Il découvre

---

1. Grasset.

un compte bancaire à la Canadian Imperial Bank of Commerce (CIBC) de Genève, au nom de la société Kourtas Investment, installée aux Bahamas, compte ouvert par le conseiller du président gabonais, Samuel Dossou. Bongo en serait le bénéficiaire économique. Deux années durant, les avocats de Bongo (Jacques Vergès et Dominique Poncet) ont tout fait pour expliquer que ce compte était « alimenté par les fonds appartenant à la présidence » et qu'il bénéficiait ainsi de l'immunité présidentielle ; le tribunal fédéral suisse a rejeté leur requête en 1999.

En enquêtant sur la société Kourtas, le juge Perraudin découvre par ailleurs que Bongo possèderait la société panaméenne Devenport, toujours par le biais de son conseiller spécial, Samuel Dossou. Ces deux sociétés ont été impliquées dans l'affaire Elf. Alimentés par les revenus du pétrole, les comptes étaient au cœur d'un montage financier. Après leur transfert sur des comptes d'Alfred Sirven, notamment le compte « Mineral », ces fonds auraient permis de verser de l'argent à des personnalités politiques, mais aussi à des fonctionnaires et à des hommes d'affaires français et étrangers.

L'ordonnance de renvoi des juges instruisant le procès Elf à la 11e chambre du tribunal correctionnel de Paris fait elle aussi état de l'existence de comptes du président Bongo en Suisse :

« Le compte personnel du président Bongo à la FIBA était essentiellement crédité par des transferts bancaires en provenance de Libreville, de Genève (CIBC), du Lichtenstein ou des États-Unis (en liaison avec M. Rogers, dirigeant de la Citibank à Paris). M. Houdray, alors directeur général de la FIBA, évalue à un montant global de 30 à 40 millions de francs [suisses] par an l'alimentation du compte du président Bongo. Ce compte était essentiellement débité de retraits en espèces effectués sur instructions téléphoniques du président Bongo et remis à des personnes, le plus souvent africaines, qui se présentaient à la banque. »

Lors du procès Elf, l'ancien patron de la compagnie pétrolière, Loïc Le Floch-Prigent, a admis avoir connu « l'existence d'une caisse noire et [...] toléré cette pratique. Je sais que des interventions ont eu lieu auprès d'hommes politiques français. »

En sus des biens listés dans son ouvrage par Philippe Madelin, Omar Bongo aurait possédé plusieurs propriétés à Paris, dans le XVIe arrondissement, dont, on l'a vu, un grand appartement, avenue Foch, où il recevrait régulièrement les hommes politiques français. Les développements de l'affaire des BMA ont en tout cas révélé que la fortune de Bongo et de sa famille – notamment de sa fille Pascaline – est bien plus importante que celle décrite par le CCFD. L'unité de compte pour son estimation serait le milliard d'euros...

Ce qui n'empêcha nullement Omar Bongo, dans son « testament » du 2 décembre 2007, de donner l'impression d'être sincère. Il a d'ailleurs persisté dans cette attitude à l'occasion de deux interviews : l'une, fin décembre 2008, l'autre, début février 2009, soit à un moment où il allait déjà fort mal.

« Je pensais qu'on m'avait compris en 2007, mais, malheureusement, force est de constater que cela ne fut pas le cas. Manifestement, je n'avais été ni suivi ni compris. J'ai donc réitéré mes préoccupations afin que les choses soient claires une fois pour toutes. Dans ce discours, j'ai choisi d'être sincère avec moi-même, avec le peuple et à l'égard de tous les acteurs concernés. Si le gouvernement chargé de l'application de la politique que j'incarne n'a pas été à la hauteur de sa mission, eh bien, tant pis pour lui ! Mon discours s'adressait également à l'administration, qui a elle aussi failli. Le Premier ministre, qui est le chef du gouvernement en même temps que celui de l'administration, a pris bonne note de mon constat. Je lui ai demandé de changer son fusil d'épaule et de se pencher sur la composition d'un nouveau gouvernement... Je pourrai ainsi juger de la qualité des hommes et des femmes proposés, et de la méthode nouvelle pour rendre plus efficace l'action du gouvernement. »

Se sachant gravement malade, Omar Bongo, qui a pourtant instauré ce régime marqué par le népotisme – englobant sa famille élargie (il a reconnu... 54 enfants !) – et le verrouillage des sommets du pouvoir, exacerbant les jalousies, jouant les uns contre les autres, promouvant les uns pendant qu'il rétrogradait les autres, Bongo ne supporte plus ce monde-là, tout comme il ne supporte plus la classe politique française qui rampe devant lui pour obtenir ses subsides. Il ne comprend pas la « rupture » annoncée par un Nicolas Sarkozy qu'il a pourtant substantiellement aidé. Il n'a que mépris pour Bernard Kouchner, nouveau ministre des Affaires étrangères, avec qui il s'est montré si généreux. Il est écœuré par cette engeance qui n'a même pas la reconnaissance du ventre. Et il n'ignore pas qu'Ali, ce fils adoptif qu'il n'a jamais vraiment aimé, et sa sœur Pascaline ne pensent déjà qu'à sa mort...

9.

Manœuvres autour d'un Omar Bongo mourant

La mort annoncée du chef va exacerber les luttes politiques, mais aussi thérapeutico-religieuses, familiales ou lignagères, englobant les procédés d'attaque et de « blindage » magiques propres, en ces parages, aux détenteurs de pouvoirs. Tant et si bien que, pour expliquer les méandres de cette guerre de succession, il faudrait avoir accès non seulement aux documents secrets français – Paris restant là, comme hier, un protagoniste essentiel –, mais aussi à l'envers du décor, aux menées invisibles via la sorcellerie, les crimes rituels, le pillage des corps. Les « guerres mystiques » vont en effet se mener à coups d'armes « nocturnes » (les fameux « fusils nocturnes » de la sorcellerie) et de poisons (« assiettes roumaines », « bouillons d'onze heures », « seringues »...), pour reprendre les termes et les analyses de Florence Bernault et Joseph Tonda[1]. André M'Ba Obame, candidat malheureux à l'élection du 30 août 2009, n'a-t-il pas déclaré avoir lui-même été la cible d'un « fusil nocturne » ?

La principale intrigue, durant cette période noire pour le Gabon, réside dans la relation triangulaire entre le vieux chef et deux de ses enfants, Pascaline et Ali, qui, durant l'agonie de leur père et après sa mort, vont d'abord se livrer un combat sans merci, avant de se rapprocher, puis de se séparer à nouveau. Les rapports compliqués entre ces deux enfants seront épiés par Christian, autre fils, affectivement le plus proche du président, qui, depuis 1998, s'est toujours tenu à ses côtés, et, à la fin de sa vie, est devenu « ses yeux ». Régulièrement, il le tenait au courant de... la suite des événements. Au début de leur collaboration, son père lui avait dit :

« Si quelqu'un veut prendre ma place, tu dois être là. Tu jugeras, puisque tu auras tous les éléments pour juger... Et tu décideras ce que tu veux. »

---

1. Chercheurs à l'université du Wisconsin, à Madison, et à l'université Omar-Bongo, tous deux spécialisés dans l'étude de l'infrapolitique au Gabon et dans les « dynamiques de l'invisible ». Ils ont coordonné un dossier intitulé « Le Gabon : une dystopie tropicale » dans *Politique africaine*, n° 115, Karthala, 2009, et écrit « Les dynamiques de l'invisible » dans *Politique africaine* n° 79, Karthala, 2000.

Un jour, « le Vieux » lui demande de discuter avec Pascaline, de s'excuser pour leurs malentendus. Un autre, il l'exhorte à parler avec Ali et à s'entendre avec lui. Un samedi matin, Christian rejoint donc ce dernier, déjà au volant de sa voiture.

– On nous met en guerre, tous les deux, commence Christian.

– Ça te dérange ?

– Papa ne va pas choisir entre toi et moi. Tout dépendra de la conjoncture au moment de la mort de papa. On laisse faire la conjoncture. Si elle t'est favorable, je te soutiens. Si elle m'est favorable, tu me soutiens. On est liés, tous les deux. Toi, tu as la force ; moi, je me suis tenu aux côtés de papa pendant une dizaine d'années...

À l'écoute de ces propos, Ali se serait fâché tout rouge.

Christian sera en effet resté aux côtés d'Omar Bongo jusqu'à la fin, recueillant ses dernières confidences et suscitant par là beaucoup de jalousies, notamment de la part de Pascaline et d'Ali.

J'ai, sur le sujet, recueilli de nombreux récits ; malheureusement, la plupart des témoins exigent le *off*. Et comme je respecte les règles du *off*...

Dès 1978, Alain, alors âgé de dix-neuf ans, s'était lancé, on l'a vu, dans le funk ; il est convoqué au Palais pour se faire remonter les bretelles. Quand il est introduit dans le bureau du président, le pétrolier qui y est reçu en audience propose à Bongo de s'éclipser. Ce dernier lui dit de rester.

Le Français est ainsi le témoin direct d'un « terrible savon », le président répétant sans prendre de gants que son rejeton est nul. Encore peu de temps avant sa mort, il le répétait d'ailleurs à l'envi à des hôtes importants, y compris à un diplomate français.

Concrètement, Omar Bongo a veillé à éloigner Ali du cœur du pouvoir financier pour le confier à Pascaline. Il était excédé contre lui à force d'entendre les fréquentes récriminations qu'il suscitait. Ainsi, lors de l'élection présidentielle de 2005, Bongo confia-t-il à l'un de ses proches le chantage dont il faisait l'objet de la part de ressortissants américains prétendant détenir des photos compromettantes d'Ali. Pour éviter un éventuel scandale de plus à la « cour » gabonaise, « OBO » aurait accepté de payer cher lesdits clichés.

Le lecteur se souvient du coup terrible qu'il lui porta, en 1991, en le destituant de son poste de ministre des Affaires étrangères, puis en inscrivant dans la Constitution l'article 10, censé lui barrer la route de la présidence.

Dans les années 2000, Omar Bongo ne perdait de vue aucune des manifestations d'impatience d'Ali, convaincu que ce dernier était prêt à ne pas attendre l'échéance naturelle pour occuper sa place. Dans les cercles du pouvoir, la rumeur attribue ainsi au fils adoptif trois tentatives de coup d'État.

L'une d'elles nous plonge dans la guerre des Atrides à la gabonaise. Depuis 2002, Omar Bongo se savait très malade et décida de renoncer au pouvoir. Son entourage réussit à le faire se raviser. Il se résolut donc à se présenter à l'élection de 2005. Ses médecins le pressaient de se faire opérer au préalable d'un cancer et de subir un pontage. Il refusa, et, peu après son élection, se rendit secrètement au Maroc, puis à Nice, puis en Suisse, et derechef à Nice, pour être opéré. Édith et Christian Bongo sont alors les seuls à l'accompagner. À son retour, le cercle rapproché du président cherche les voies et moyens d'écarter Ali et de « pousser » Christian. Chaque mois se tient chez Georges Rawiri, le vieux compagnon d'Omar Bongo, président du Sénat et véritable numéro 2 du régime, une réunion avec Julien M'Pouho, Patrice Otha[1] et évidemment le président, afin de fixer les orientations importantes pour le pays. Georges Rawiri presse Christian d'assister à ces réunions. Georges Rawiri et Julien M'Pouho expliquent au président pourquoi Ali ne peut lui succéder.

– Allez lui parler et expliquez-le-lui, lâche Bongo.

C'est M'Pouho qui est chargé de cette délicate mission. Il propose à Ali de lui donner tout ce qu'il souhaite à condition qu'il renonce à la succession. Inutile de préciser comment le messager est accueilli ! De son côté, Georges Rawiri déclare à son ami Omar et devant témoins : « S'il t'arrive quelque chose, je ne remettrai jamais le pouvoir à un Biafrais. » Ces propos ne sont pas rejetés par le président, qui ne

---

1. Directeur de cabinet adjoint d'Omar Bongo.

manque pas une occasion de tacler son fils en public. À un membre de sa famille congolaise, repérant sur un écran de surveillance, dans son bureau présidentiel, la figure d'Ali, Bongo lance même : « Regarde, fiston, ce monsieur veut ma mort ! »

C'est dans ce contexte qu'advient un épisode que de nombreux Gabonais considèrent comme un empoisonnement commandité par l'« ennemi ». Lors d'une réception chez André-Dieudonné Berre, maire de Libreville, Rawiri serait venu au dernier moment en lieu et place de Bongo. Peu après la réception, il prend l'avion pour Paris et se sent mal au cours du vol. Transporté au Val-de-Grâce, il meurt le 9 avril 2006. Jacqueline Rawiri, sa femme, ne croit pas à un décès naturel. D'ailleurs, au Gabon comme dans toute l'Afrique centrale, on ne croit pas que quiconque puisse mourir de mort naturelle. Elle désigne Ali, devant de nombreux témoins, comme responsable de cette disparition. Elle exige une autopsie qui conclut à une occlusion intestinale. Quant au traiteur qui avait fourni nourriture et boissons à la réception, il est retrouvé mort quelques jours plus tard, « suicidé » d'une décharge de chevrotines tirée en pleine gorge. Un témoin raconte qu'à l'enterrement de Rawiri Omar Bongo a été victime d'un malaise. Après avoir joué des coudes pour écarter Ali Bongo et André M'Ba Obame, Christian Bongo s'est précipité pour empêcher son père de tomber. Soutenu d'un côté par sa femme, de l'autre par Christian, Omar s'est éloigné tout en lâchant à l'abri des oreilles indiscrètes : « Ils me l'ont tué ! »

La très mauvaise relation entre Édith, sa femme, et Ali ne va pas arranger les choses. Très malade, atteinte d'un type de cancer du cerveau peu fréquent, Édith est hospitalisée à Rabat. Bongo lui rend souvent visite, et rentre déprimé. Le « monde de l'invisible » encercle la fille du président Sassou. Chacun y va de son marabout pour la sortir de là. Alors qu'un proche suggère un exorciste à Rome, la mère d'Édith lui préfère des féticheurs nigérians.

Les rapports entre Omar et Sassou se sont compliqués depuis le mariage du premier avec Édith. Pour accepter de donner sa fille, le Congolais aurait exigé de Bongo qu'il se prête aux us mbochis[1]. À Edou, village des anciens situé près d'Oyo, Bongo aurait été contraint de se mettre nu, lui qui se considérait comme le roi des Tékés, et de tourner autour de la case en passant plusieurs fois entre les jambes du frère aîné de Sassou ! Quand Édith est tombée malade, les anciens d'Edou auraient soupçonné l'entourage de Bongo, particulièrement Ali, d'avoir empoisonné leur fille[2].

L'année 2008 est terrible pour le vieux président. À la maladie d'Édith, à sa santé déclinante,

---

1. Ethnie bantoue qui se rencontre surtout autour d'Oyo, village du président Sassou-Nguesso.

2. Voir infra, p. 134.

s'ajoutent les tourments provoqués par l'attitude
– qu'il trouve bien ingrate – de l'Élysée et les
soupçons planant sur celle de son fils Ali.

Bongo comprend en effet de moins en moins ses
« amis » français. L'annonce de la « rupture » avec
la Françafrique, claironnée par Jean-Marie Bockel,
l'a suffisamment agacé pour qu'il réclame le départ
de celui-ci. Il l'a obtenu. Il en veut aussi à Bernard
Kouchner, occupant du Quai d'Orsay, et fait cir-
culer sur lui des documents compromettants qui
seront utilisés par l'auteur[1].

Il s'est senti trahi par l'Élysée quand France 2 a
diffusé, le 3 mars 2008, une longue séquence, au
journal de 20 heures, sur les BMA de la famille
Bongo. Il soupçonne même les autorités françaises de « comploter » avec Ali et André M'Ba
Obame pour lui faire quitter le pouvoir au plus
vite. Ali se répand dans Libreville, répétant que
son père est atteint d'un cancer généralisé et a
des moments d'absence. Bongo est convaincu que
le complot est ourdi par Vincent Bolloré, Michel
Roussin (ex-ministre de la Coopération dans le
gouvernement Balladur), devenu vice-président du
groupe Bolloré, et son propre fils, Ali. Que Michel
Calzaroni, l'homme de la « com » chez Bolloré,
ami de Sarkozy, fomente des opérations de dés-
tabilisation contre lui. Il s'est opposé sans succès
à l'éviction par Bolloré de Jacques Dupuydauby

---

1. *Le Monde selon K*, Fayard, 2009.

de la gestion des ports[1]. Ces soupçons, il m'en a fait part au début d'avril 2008. Il les a également confiés à l'un de ses vieux conseillers en lui montrant une lettre manuscrite révélant l'alliance conclue entre Ali, Bolloré et Roussin. « Tout ça par mon propre soi-disant fils ! Je ne pardonnerai jamais à ce bâtard ! se serait-il ainsi exclamé. Il ne me succédera pas. Il ne sera jamais président. Il croit que je suis mourant. Il va voir... »

Ce vieux conseiller, qui tient lui aussi à l'anonymat, a reçu à maintes reprises les doléances du président vis-à-vis de son fils. Un jour, il lui demande d'éviter Ali : « C'est un petit voyou ! » Il ne supporte pas l'idée qu'Ali ait épousé Sylvia Valentin[2]. Il lui reproche son manque de professionnalisme, sa proximité avec « la Vipère » (sobriquet qu'il colle à son ex-épouse, Patience Dabany). Et de conclure ses tirades sur Ali par un : « C'est le prix de l'adoption ! »

Robert Bourgi, qui est encore l'homme de l'Élysée pour le Gabon, me confirme que le « Vieux » a bien eu Bolloré dans son collimateur. Lui aussi connaît la longue animosité d'Omar envers son fils. Ce qu'il sait moins, c'est que Bongo se méfie également de lui et le soupçonne d'avoir fait alliance avec Ali et André M'Ba Obame.

---

1. Bolloré Africa Logistics est omniprésent dans l'infrastructure portuaire de 45 pays africains.

2. Fille de l'assureur Édouard Valentin, très implanté au Gabon, épousée en 2000.

Qui peut prétendre connaître à fond la pensée du vieux Gabonais, ses sinuosités, ses contradictions ? Robert Bourgi raconte qu'en juin 2008 Omar l'a convoqué à Libreville et lui a demandé de faire le nécessaire pour qu'Ali soit reçu à l'Élysée. Bourgi s'exécute : Claude Guéant reçoit le fils. Sarkozy s'inquiète de la succession du vieux président. Bourgi retourne à Libreville en novembre 2008. Il est, dit-il – ce qui est contesté par des proches de Bongo –, reçu par le président, qui lui déclare : « Désormais, il faut que Nicolas reçoive Ali. Il doit me succéder à condition que ce choix soit ratifié par le peuple. Et il faut qu'il dirige en tandem avec Pascaline, qui a davantage la pratique de l'exécutif. Pascaline, c'est mon totem... Mais, malgré ce choix, celui qui n'a jamais disparu de ma tête, c'est André M'Ba Obame. Il est pour moi comme un fils. J'ai une totale confiance en lui. Nous sommes complémentaires... »

Ces propos sont-ils contradictoires avec le ressentiment, bien réel, d'Omar Bongo envers son fils ? « Non, répond Bourgi. "Papa" ne pensait pas mourir aussi vite. » Et de souligner que ledit « Papa » a toujours tenu son fils à l'écart des missions présidentielles. Affirmation corroborée par les propos que lui a tenus André M'Ba Obame : « Tu sais, Grand Frère, que "Papa" ne voulait pas de lui. »

Robert Bourgi conduit donc Ali Bongo à l'Élysée. Ali est reçu par Nicolas Sarkozy. Puis Bourgi l'emmène déjeuner chez Bruno Joubert, le Monsieur

Afrique du chef de l'État. Sarkozy, qui a longtemps préféré Pascaline à Ali, se serait-il ravisé ?

Des proches de Bongo soulignent que Bourgi n'a pu rencontrer le président, ce dernier étant déjà très mal en point en novembre 2008 ; depuis quelques mois, il est en outre comme on l'a vu très réservé à son encontre, parce qu'il le soupçonne de fricoter avec son fils pour accélérer sa propre sortie. Et, à l'appui de leurs dires, ils rapportent diverses anecdotes qui se sont déroulées au cours de cette période.

À la fin de novembre 2008, une fois de plus, Omar Bongo se rend au chevet de son épouse, à Rabat, et en profite pour rencontrer le roi du Maroc. Aussitôt après, celui-ci aurait appelé son ami Ali pour lui dire qu'un de ses médecins aurait vu son père et diagnostiqué un cancer du pancréas.

« Garde-le, le temps que je prenne mes dispositions », aurait répondu Ali Bongo.

M6 n'aurait pas tenté de retenir le vieux président gabonais au Maroc. Omar Bongo rentre donc à Libreville. Il sent que des manœuvres se trament autour de lui. Il ne va pas bien. Au cancer s'ajoute une aggravation de son diabète. Après sa piqûre d'insuline, tôt le matin, il doit manger et garder la chambre. Ce matin-là, il ne prend pas de petit déjeuner et commence une journée normale. En prenant sa douche, il s'écroule. Dans le coma, il est transporté à sa clinique – ou plutôt à celle d'Édith, El Rapha. Ali, Christian et quelques médecins sont à son chevet. Ali insiste lourdement pour que le président parte sur-le-champ à l'étranger. Christian s'y oppose, estimant, avec un des praticiens, qu'il n'est pas transportable. « Dans ce cas, dit Ali, il faut le transporter à l'hôpital militaire », et il demande à tout le monde de quitter la chambre. Christian s'y refuse. Ce dernier reçoit alors un coup de téléphone de Béchir Saleh, directeur de cabinet de Kadhafi, parfaitement au courant de ce qui est en train de se passer à Libreville. Pourquoi appelle-t-il Christian ? Le fils de Cécilia, la jeune sœur de Joséphine, était chargé par son père d'entretenir de bonnes relations avec le Guide, et notamment de s'assurer qu'il respecte ses promesses d'investissement pour le cinquantième anniversaire de l'indépendance du Gabon.

« Ne laisse surtout pas ton père seul… »

Christian ne laissera jamais son père seul, malgré les objurgations d'Ali. Celui-ci réussit néanmoins à faire transporter son père à l'hôpital militaire alors même qu'aucune mesure de sécurité n'y a été prise. Le président est toujours dans le coma, même si les soins apportés par le docteur Nzenze ont stabilisé son état.

Le général Léon Nzouba, professeur de médecine, aujourd'hui ministre de la Santé, prend en charge le malade et demande à tout un chacun de partir, le président, dit-il, étant désormais entre de bonnes mains. Une nouvelle fois, Christian refuse et s'installe avec le chef de la Garde présidentielle dans la petite pièce jouxtant la chambre de son père. Il tient à être là à son réveil.

Nzouba rapplique le lendemain à 8 heures du matin. Il annonce qu'il souhaite faire un communiqué pour annoncer que le président a eu un malaise et est à l'hôpital. Christian s'y oppose en termes violents. Ali et Paul Toungui veulent pénétrer dans la chambre d'Omar Bongo, qui s'est réveillé et a été briefé par Christian. Le malade refuse de voir son fils aîné, pas plus que Toungui, son gendre (mari de Pascaline)...

Vers 19 heures ce même jour, Christian reçoit un appel lui demandant de se rendre à l'hôpital de toute urgence : le président ne veut parler à personne d'autre que lui.

« Je veux sortir. Il est hors de question que je reste ici... », lui dit-il.

Bongo est hors de lui. Il attrape les tubes de perfusion, les arrache. Christian l'aide à se rhabiller et tous deux rentrent au Palais. Le soir, Pascaline, Ali et Christian se retrouvent autour de leur père. Ali estime que ce n'est pas là la place de Christian. Il demande à tout le monde de sortir. Christian se lève mais est arrêté par son père :

« Je ne t'ai pas dit de partir... »

Sur cette période, Ali fournira lui aussi quelques éléments à l'ambassadeur des États-Unis à Libreville[1]. Il affirme que son père avait sombré dans une profonde dépression. « Bongo était

---

1. Révélé par WikiLeaks. #09LIBREVILLE246. Dépêche du 2 juin 2009.

malade depuis longtemps et on est alors entré dans le monde noir », me confie un de ses proches conseillers d'alors. Chacun de ses voyages à Rabat l'affecte davantage. Tout comme l'affectent ses affrontements avec Sassou à Rabat, qu'il retrouve souvent dans la chambre jouxtant celle d'Édith, à la clinique royale.

Ali Bongo me raconte[1] une scène qui s'est – qui se serait ? – déroulée le 18 mars 2009 aux obsèques d'Édith Bongo : « Autour du cercueil, Sassou a humilié mon père en lui réclamant 50 milliards [de francs CFA]. C'est lui qui l'a emporté pour le déroulement des obsèques. Contrairement à la tradition, celles-ci allaient se dérouler en trois temps : un salut à la première dame, à Libreville, avant que le cercueil ne soit transporté à Brazzaville, puis à Oyo. De ce jour, mon père n'a plus eu envie de vivre. Il se savait condamné. Il avait décidé que les portes soient grandes ouvertes pour que le peuple puisse venir saluer la première dame. Sans contrôle de la police ! »

De leur côté, les anciens d'Edou auraient alors fait savoir à Bongo qu'il avait tué leur fille et qu'il n'y survivrait pas. Dès le lendemain, il ne marchait plus et n'a pu recevoir Mohammed VI, en voyage privé.

Dans le clan Bongo, la version de l'histoire est symétrique : « Sassou ne s'est jamais résigné au

---

1. Le 5 décembre 2010 à Libreville.

mariage de sa fille avec Bongo. C'est lui qui l'a tuée, parce qu'elle a refusé d'obéir à l'ordre de son père de tuer son mari... Après ce refus, Édith a été fétichée. Elle a été sacrifiée sur l'autel de la politique... », me confie un ancien membre du « premier cercle ». Dois-je préciser que je prends toutes ces histoires avec la plus grande prudence ?

Au cours de cette même journée dramatique, Claude Guéant a voulu en savoir plus long sur la succession. Il se montra très insistant. « Même si ce n'était pas le jour », comme dit Ali Bongo, il voulait « avoir une réponse sur l'avenir ». Ali prétend[1] que, pour fournir une réponse à Claude Guéant, il serait allé trouver son père, qui, « pour la première fois », lui aurait « parlé de l'avenir » : « Montre-toi, va à l'étranger, lui aurait-il dit. Je t'ai laissé dans l'ombre, prépare-toi ! » Il lui aurait alors pris le bras en lui murmurant : « N'oublie pas que tes pires ennemis seront au sein de ta famille ! »

Cette version ne coïncide pas avec les confidences de la « vieille garde » de Bongo que j'ai recueillies, toujours convaincue de l'animosité du président envers son fils adoptif. Est-elle fausse pour autant ?

Après la mort d'Édith, le 14 mars 2009, les médecins administrent beaucoup de sédatifs au président pour qu'il ne souffre pas trop. Ils lui accordent officiellement neuf mois à vivre, alors

---

1. Rencontre avec l'auteur, le 3 décembre 2010.

qu'ils savent que son espérance de vie ne dépasse pas les trois mois. Le président souhaite être traité à Libreville. L'entourage, lui, le pousse à partir à l'étranger : en Israël, en Suisse ou en Espagne. Il s'y refuse, au grand dam de la plupart de ses proches, Ali et Pascaline en tête. Les doses de sédatifs sont réduites. Il n'en souffre que davantage...

De son côté, en avril, Ali, victime de sérieux problèmes intestinaux, part se faire soigner à l'hôpital américain de Neuilly. Au courant de l'évolution de la maladie d'Omar Bongo, Claude Guéant fait son siège pour mettre au point la question successorale. Les rumeurs vont bon train à Libreville à propos d'une hospitalisation qui ne serait qu'un prétexte trouvé par Ali pour s'entendre avec les Français. Sarkozy semble en effet se faire de plus en plus pressant...

De son côté, Pascaline prend de plus en plus de poids au sein de l'appareil d'État. Il y a urgence, pour Ali, à mettre en branle le processus censé le conduire à la tête du Gabon. Mais, à part l'armée et les casinotiers corses locaux, spécialistes en trucages électoraux, il jouit sur place d'une assez faible assise. Et il y a un autre *hic* : le fameux article 10 de la Constitution, qui stipule que « toute personne ayant acquis la nationalité gabonaise ne peut se présenter comme candidat à la présidence de la République ». L'évocation de ce coup de pied de l'âne ne peut que lui rappeler que le « Vieux » ne l'a jamais aimé comme son fils biologique. Il sait par ailleurs que la question de sa véritable identité refait régulièrement surface. Pour éviter tout problème constitutionnel créé par l'article 10, il doit impérativement prendre des mesures qui l'installent juridiquement comme fils biologique de Joséphine Kama – ex-Bongo, devenue Patience Dabany – et d'Omar Bongo...

Première phase : le 25 avril, sur la base aérienne 01 de Libreville, Ali Bongo Ondimba, ministre de la Défense, donne une conférence de presse. Contre toute attente, après avoir longuement évoqué divers thèmes relevant de son ministère, sans même avoir été interrogé, il aborde la question de sa nationalité, posée selon lui par certaines personnes « mal intentionnées » : « Évidemment, étant ministre de la Défense, c'est sûr que j'ai été informé de certaines allégations. D'aucuns prétendent que je serais nigérian [...]. L'insulte n'est pas faite à moi, elle est faite à mes parents, car c'est grâce à eux que je suis aujourd'hui là où je suis. C'est à eux que la question doit être posée [...]. Tout ce que je sais, c'est que je suis né à Brazzaville en 1959... Ceux qui disent ce genre de choses ne connaissent pas l'histoire. La guerre du Biafra a commencé en 1967, et moi je suis né en 1959 ! Quand je suis né, le Nigeria n'était même pas indépendant, avant de le devenir l'année suivante. Donc, quand la guerre du Biafra a commencé, j'avais déjà huit ans [...]. Il y a suffisamment de Gabonais qui m'ont vu depuis..., même à l'âge de huit ans ! »

Dernière phrase on ne peut plus ambiguë, succédant à une chronologie digne de la bouillie pour les chats ! En affirmant qu'il y a suffisamment de Gabonais qui l'« ont vu depuis, même à l'âge de huit ans », Ali laisse supposer qu'aucun Gabonais ne l'a vu avant ! De fait, il n'existe aucun témoignage de Gabonais l'ayant vu avant cet âge. Il n'existe aucune photo de lui prise à Libreville avant ses huit ans. Autrement dit, cette phrase même contredit sa démonstration.

« Je suis né à Brazzaville, et, là encore, dans des conditions un peu particulières et dramatiques. Quand je suis né, la guerre civile a éclaté à Brazzaville et ma mère a dû quitter en hâte l'hôpital ; mon père, lui, était dans l'armée française. Il a obtenu une permission pour venir à l'hôpital, mais, quand il est arrivé, il ne nous a pas trouvés. Pendant deux jours, il nous a cherchés [...]. Évidemment, nous avions trouvé refuge chez une personne qui nous avait gardés pendant deux jours... »

Or, en 1959, *il n'y avait pas* trace de guerre civile à Brazzaville.

« Je suis né français et non pas nigérian. Parce que mon père était dans l'armée française. Mais c'est, comme on dit, pour amuser la galerie, et nous avons autre chose à faire que de répondre à certaines allégations... »

Pourquoi alors ne pas exhiber son acte de naissance français ? S'il disait vrai, cet acte aurait été établi à Nantes. Il existe probablement à Nantes un acte qu'Ali Bongo ne peut produire : la transcription d'un jugement d'adoption prononcé par le tribunal de première instance de Libreville, attesté par le procureur de la République et recopié ensuite sur le registre du Service central d'état civil de Nantes.

Après qu'Ali a répondu à une question qui ne lui était pas posée, c'est au tour de celle qui est censée être sa mère biologique de monter au créneau. Joséphine Kama est devenue Joséphine Bongo, première dame du Gabon, jusqu'à son divorce en 1986, date à laquelle, on l'a vu, elle a pris le nom de Patience Dabany, désormais chanteuse. Sur RTG1, elle a réfuté les allégations selon lesquelles « son fils », né le lundi 9 février 1959 à Brazzaville, pesant plus de 3 kilos, portant à cette époque le nom d'Alain Bongo, était d'origine biafraise. Elle affirme qu'elle a dû subir une césarienne, puis qu'elle a dû fuir la maternité, quelques heures plus tard, à cause de l'insécurité résultant de la guerre civile qui avait éclaté à Brazzaville. Albert Bongo ne les avait donc pas trouvés quand il était venu leur rendre visite à l'hôpital...

Manifestement, Patience et son fils se sont concertés pour livrer cette version officielle. Avec un détail en trop : la césarienne n'était pas pratiquée à cette époque à Brazzaville !

10.

Le « Batéké corse », ou comment le « dernier parrain » a été le premier à miser sur Ali Bongo

Bien avant la décision de Nicolas Sarkozy de soutenir Ali Bongo dans la bataille de succession déclenchée par le cancer d'Omar Bongo, Michel Tomi[1] avait fait ce choix-là. Il était pourtant proche de Pascaline, qui, pour le compte du président gabonais, était associée avec lui dans son groupe Kabi, notamment via la société Obali. Tout le monde a pu ainsi voir « Bati », Jean-Baptiste Tomi, fils du dernier « parrain » corse, aux côtés d'Ali dans ses meetings, voire dans les avions de la compagnie Afrijet, du groupe Kabi, mis à la disposition du

---

1. Patron d'un groupe africain de jeux opérant alors principalement au Gabon. Le groupe Kabi embrasse, parmi ses activités, les jeux, les boîtes de nuit, le BTP, le bois, l'aviation.

candidat pour sillonner le Gabon. Un « Bati » qui avait l'habitude de jouer de la guitare avec celui qui n'était encore que ministre de la Défense. Moins public fut l'investissement massif, avant le lancement de la campagne, de Michel Tomi dans les t-shirts et autres éléments de propagande. Encore plus secret, un premier versement de quelque 5 milliards de francs CFA, puis un second de 3 à 4 milliards (soit respectivement 7,6 millions d'euros et entre 4,5 et 6 millions d'euros). L'engagement des Tomi était tel qu'André M'Ba Obame, qui avait lui aussi été proche des Corses, fut obligé de mettre en garde « ses amis » contre cette immixtion un peu trop voyante dans la vie publique gabonaise...

C'est grâce à Charles Pasqua que Michel Tomi avait pu être, associé à égalité avec Robert Feliciaggi[1], le premier, sur place, dans les activités des casinos et du PMU alors qu'il ne disposait apparemment d'aucune surface financière. Il devint rapidement proche d'Omar Bongo, qui l'appelait le « Batéké corse », et supplanta Robert Feliciaggi bien avant l'assassinat de celui-ci sur le parking de l'aéroport d'Ajaccio, le 10 mars 2006.

---

1. D'abord homme d'affaires au Congo, il s'est lancé dans les jeux en Afrique. Sa réussite a été telle que les médias l'ont surnommé « l'empereur des jeux d'Afrique ». Il s'est lancé dans la politique en Corse dans le milieu des années 1990, soutenu à la fois par Charles Pasqua et Jean-Jé Colonna, le parrain de Corse du Sud.

Grâce à ses investigations à Monaco, un magistrat, le juge Hullin, a réussi à démonter la mécanique de la Société d'études pour le développement (SED), une blanchisseuse d'argent noir installée à Paris, qui approvisionnait en espèces les « amis » à partir de flux d'argent circulant entre le Crédit foncier de Monaco, la FIBA (la banque de Bongo et d'Elf) et quelques autres établissements peu regardants. Les enquêteurs monégasques mirent ainsi au jour la grande proximité de Tomi et Feliciaggi avec Charles Pasqua.

En échange de l'autorisation d'ouvrir un casino à Annemasse, l'ancien ministre de l'Intérieur avait obtenu un financement de son parti, le RPF[1]. Les policiers découvrirent en outre que la SED finançait aussi bien les mafieux corses de la Brise de mer que ceux du clan de Jean-Jé Colonna, mais également des hommes politiques et des responsables de tout poil.

Les journalistes avaient pris l'habitude de surnommer Feliciaggi « l'empereur des jeux d'Afrique ». Il y a longtemps que le titre aurait dû revenir à Tomi. Installé au Gabon, au Congo, au Cameroun, au Tchad et surtout au Mali, celui-ci dispose de ressources financières quasi illimitées. Dans le seul Gabon, jusqu'à

---

1. Rassemblement pour la France, créé avec Philippe de Villiers pour contrer aux européennes de juin 1999 la liste Chirac conduite par Nicolas Sarkozy, jugée pas assez « souverainiste ». L'affaire a été jugée et Charles Pasqua a été condamné à dix-huit mois de prison avec sursis.

une époque récente la base principale de la famille
Tomi, celle-ci possède le PMUG, le casino Croisette,
le Fortune's Club, le Bet 241, mais aussi le groupe de
BTP Kabi, Afrijet, la compagnie d'aviation d'affaires
créée en 2005, le fournisseur d'Internet IPi9 et le bar
de nuit haut de gamme Kubrick.

Les enquêteurs français qui lui tournent autour
depuis le début de 2013 estiment qu'il est le « dernier grand parrain » corse. Après les morts suc-
cessives de Robert Feliciaggi, de Jean-Jé Colonna
et de Richard Casanova, un des fondateurs de
la Brise de mer, il est reconnu comme le boss
à qui font allégeance les amis encore vivants de
Casanova et d'Alain Orsoni, fondateur du MPA,
Mouvement pour l'autonomie que les observateurs de la question corse ont depuis longtemps
rebaptisé « Mouvement pour les affaires ». Pour se
protéger, ledit parrain s'est fait naturaliser gabonais. Il peut mener ses activités à sa guise et se
projeter facilement dans n'importe quel coin du
monde avec ses Falcon. Douaniers, policiers et
membres des services secrets l'ignorent ou, le
plus souvent, l'aident et le protègent. Il est ainsi
proche de Frédéric Bongo, demi-frère d'Ali et
patron des services de renseignements gabonais. À
ces protections s'est ajoutée, sous le quinquennat
de Sarkozy, celle de son ami Bernard Squarcini[1],

---

1. Renvoi d'ascenseur : Bernard Squarcini s'occupe de
la protection privée de son ami Michel Tomi via la société

alors patron de la Direction centrale du renseignement intérieur (DCRI), qui monta à Libreville une
antenne dont le responsable avait pour mission
occulte de protéger Michel Tomi. Celui-ci dispose
pour lui et ses amis de passeports diplomatiques.
Le Gabon est ainsi devenu le havre de personnages poursuivis par la police française.

Michel Tomi a assimilé tous les codes du pouvoir gabonais. Il connaît le poids local de la franc-
maçonnerie, donc de la Grande loge nationale française et de la Grande Loge du Gabon, ainsi que des
deux grands « frères » que sont ses amis Ali Bongo
et Maixent Accrombessi. Il est lui aussi initié, sans
pour autant avoir l'ambition de monter dans cette
hiérarchie-là. Il y a deux ans, il n'était encore que
simple compagnon.

En bon Corse, Michel Tomi sait aussi que la seule
parole qu'on maîtrise est celle qu'on ne prononce
pas. Il tient plus que tout à la discrétion en affaires
et s'entoure de proches à qui il voue une confiance
absolue. Une certaine Marianne est le pivot d'Afrijet et, plus largement, celui de l'organisation Tomi,
mais peu de gens savent d'où elle vient, ni qui elle
est. Les écoutes de Tomi, pratiquées dans le cadre
de l'enquête sur l'assassinat de Robert Feliciaggi[1],

_____

Gallice, chargée de la protection des expatriés des entreprises
du CAC 40 en Afrique.

1. *In* Jacques Follorou et Vincent Nouzille, *Les Parrains
corses*, Fayard, 2009.

montrent que Marianne coordonne les rotations des avions, des pilotes, des hôtesses et des clients. Elle était déjà la cheville ouvrière de la mystérieuse mais très puissante SED, à Paris, à partir du milieu des années 1990. À la moindre interrogation qui se posait à Paris, Marianne téléphonait à Michel Tomi pour recevoir ses instructions. Marianne, ses deux frères et sa mère travaillaient au casino de Bandol, dont Tomi fut un des actionnaires. Sa participation active à la gestion de cet établissement lui valut une condamnation à trois ans de prison, dont deux avec sursis, pour fraude fiscale, minoration de recettes et abus de biens sociaux.

La toute-puissance de Michel Tomi s'exerce avec beaucoup de doigté. Il soigne les apparences et veille à ne pas heurter les susceptibilités gabonaises. Il connaît nombre de chefs d'État africains, mais sait, dit-il, rester humblement à sa place. Les responsables gabonais apprécient cette attitude et, plus encore, les services qu'il leur rend. Des services financiers de toute nature. Ainsi, en associant la famille Bongo et Maixent Accrombessi, « dircab » d'Ali, quand ce dernier est monté en puissance. Tomi a le cadeau facile. Afrijet met à disposition ses Falcon. Ali et sa femme Sylvia peuvent profiter en juillet 2013 du *Grazadiu*, un yacht de 33 mètres, au large de Corfou.

Après la mort de Robert Feliciaggi, les enquêteurs ont soupçonné Michel Tomi d'être le commanditaire de son assassinat, et l'ont placé sur écoutes pendant près d'un an. Le contenu de celles-ci laisse entrevoir la nature de ses relations avec Ali Bongo. Il apparaît que Tomi est le seul mandaté à acheter des avions de ligne pour la nouvelle compagnie Gabon Airlines (après avoir toutefois obtenu l'aval de Pascaline Bongo). Pour cette mission hautement rémunérée, Tomi est entouré d'une équipe d'experts parmi lesquels « Bati » et une pléiade d'avocats, dont Georges Arama, un vieux de la vieille garde de Bongo qui avait monté l'association France-Gabon dans les années 1980.

Le viol de ses communications permet de mesurer que Tomi dispose de sommes considérables qu'on doit estimer en usant de la centaine de milliers d'euros comme petite monnaie. Lors de ses passages à Paris, il fait l'emplette de luxueux cadeaux pour récompenser amis et collaborateurs : montres de luxe (Rolex, Breitling...), voire véhicules de marque, comme cette Porsche Cayenne destinée à Omar Bongo. Depuis qu'Ali est devenu président, il lui a offert plusieurs voitures prestigieuses et rapides qu'il achemine par avion à Libreville et qu'Ali va essayer sur des routes momentanément interdites à la circulation, voire sur la piste de l'aéroport Léon-M'Ba. Aussi compatissant que généreux, il va jusqu'à régler des factures d'hospitalisation pour les uns ou les autres. Bref, il a suffisamment d'argent pour acheter ceux, nombreux, qui ne refusent pas de se laisser acheter.

N'est-il pas néanmoins en train de jouer « Adam au paradis gabonais » ? La rumeur en court en tout cas depuis le milieu de l'année 2013. Alors même qu'une information judiciaire n'était pas encore ouverte par les juges Serge Tournaire et Hervé Robert, mais que des enquêtes non judiciarisées étaient déjà menées sur Michel Tomi, le patron de la Direction générale de la sécurité extérieure (DGSE) conseilla au président gabonais de prendre ses distances avec ce dernier, suggérant qu'il prenait beaucoup de risques à le garder dans son entourage immédiat. D'autres conseils lui ont, semble-t-il, été prodigués du côté français. Des « fuites » faisant état de tensions entre Michel Tomi, Ali et Maixent ont circulé. La première a concerné l'aide accordée par le Corse pour la campagne électorale de 2009 : Ali Bongo aurait bien été remboursé par l'État d'une partie des frais engagés dans celle-ci, mais aurait « oublié » au passage Michel Tomi. Des arriérés de l'État à son endroit n'auraient pas davantage été réglés. Pour quelle raison ? Ali Bongo aurait pris ombrage de ses relations étroites, y compris financières, avec Pascaline. Une affaire a ainsi été révélée, en juillet 2012, lorsque Henri-Claude Oyima, patron de BGFIBank – banque locale du « système Bongo » –, « bénéficia » d'une promotion-placard permettant à Maixent Accrombessi de mettre la main sur la banque et d'altérer les rapports de celle-ci avec la famille Tomi et la SCI Obali.

L'hebdomadaire *Échos du Nord* a révélé le 2 juillet 2014 quelques bribes d'un audit de la Commission bancaire d'Afrique centrale (Cobac) portant notamment sur le financement par crédit-bail de la flotte aérienne d'Afrijet, à hauteur de 58 milliards de francs CFA. Un engagement à hauts risques, d'autant plus que cette compagnie aérienne, « propriété conjointe de la SCI Obali et de la famille Tomi », se porte mal depuis des années et peine à honorer ses traites. Pour éviter la forte exposition au « risque de crédit », celui que les cadres de BGFIBank ont surnommé « Super Oyima » a trouvé une double solution : faire régler les traites d'Afrijet par le Trésor public « au nom d'on ne sait quel arrangement », s'étonnent *Échos du Nord*, et voyager le plus possible sur les jets de la compagnie lors de missions auprès des différentes succursales de BGFIBank dans la région (Congo, RDC, Guinée équatoriale, Bénin, Cameroun, etc.). Missions refacturées auxdites filiales, selon l'hebdomadaire, qui indique que « l'objectif premier est donc de renflouer les comptes de la très endettée Afrijet afin que BGFIBank ne se retrouve pas avec un encours contentieux à approvisionner de près de 20 milliards [de francs CFA] à ce jour ».

Les facilités dont jouissait Michel Tomi furent revues, donnant lieu à des négociations avec le tout-puissant directeur de cabinet d'Ali Bongo, Maixent Accrombessi, lequel veille alors à procéder à des redressements fiscaux visant toutes les sociétés liées secrètement ou publiquement à Pascaline...

Fin 2013, début 2014, le groupe Kabi avait commencé à se désengager du Gabon en procédant à des ventes d'actifs dans les travaux publics, l'immobilier et les bois. Ali Bongo lui aurait signifié qu'il avait dans les trois ans pour céder l'essentiel de ses actifs gabonais. Infos et rumeurs ont fait état de son redéploiement au Mali, où son ami Ibrahim Boubakar Keita (IBK) venait – notamment grâce à lui – de prendre le pouvoir, en août 2013.

Le Gabon serait-il vraiment terre brûlée pour le « Batéké corse » ? La prudence s'impose. Il est intéressant de rappeler qu'IBK fut présenté à Michel Tomi par Omar Bongo. Alors qu'IBK venait d'être nommé Premier ministre du Mali, en février 1994, Charles Pasqua et Michel Tomi avaient fait son siège pour obtenir de lui l'ouverture d'un casino. IBK aurait accepté, moyennant récompense. Depuis lors, les deux hommes sont liés. Tomi n'avait d'ailleurs pas oublié IBK pendant sa longue traversée du désert...

Selon des hommes d'affaires familiers de ces milieux, il semble bien que la réorientation de ses activités sur le Mali n'empêche pas Michel Tomi d'avoir encore des relations d'affaires avec Maixent Accrombessi. Les perquisitions effectuées

à la mi-juin 2014 chez Philippe Belin, patron de
la firme Marck, spécialisée dans la confection
d'uniformes militaires, proche de Tomi mais aussi
d'Accrombessi, suggèrent que sur des opérations au
Mali Tomi et Accrombessi « marchent » encore de
concert. De la même façon, Seydou Kane, proche
de Tomi et d'Accrombessi, fait lui aussi des affaires
dans le Mali d'IBK. Dans une récente interview au
Point, Michel Tomi ne déclarait-il pas : « Maixent,
c'est quelqu'un de bien, et il me considère comme
son père... Le grand malheur, c'est que Maixent
s'est fait des milliers d'ennemis, et que ce n'est pas
bon pour le président[1] » ?

---

1. *Le Point* du 19 juin 2014.

11.

Ali Bongo se fait fabriquer
un faux acte de naissance

Fin 2008, la souffrance est insupportable. Omar Bongo est reconduit à la clinique El Rapha, inconscient. Le docteur Keith Black, neurochirurgien américain qui a soigné Édith, conseille à Omar d'aller se faire soigner en Espagne. Malgré les appels pressants de Nicolas Sarkozy, le président malade refuse obstinément de se faire admettre au Val-de-Grâce. En cause ? Le harcèlement médiatique sur les BMA, qui lui gâche un peu plus sa fin de vie, et ce qu'il estime être le lâchage de ses « amis » français à qui il a tant donné. Malgré les protestations de Christian Bongo, décision est prise de faire partir le « Vieux » en Espagne, à la clinique Quiron de Barcelone. Il est hospitalisé le 11 mai et, malgré les précautions prises, il n'échappe pas aux « journalistes français, qui n'hésitent pas à pénétrer

dans la clinique pour tenter de voir le président »,
confie Ali un peu plus tard à l'ambassadeur américain à Libreville[1].

Dès son arrivée, il est opéré pour colmater une
importante hémorragie. Pascaline et ses enfants
sont arrivés à Barcelone par l'avion présidentiel,
un Boeing 777-200. De son côté, Christian se présente à l'instant où le président sort du bloc opé-
ratoire. Bongo se réveille. Il est en colère quand
il réalise qu'il n'est plus à Libreville. Il étreint la
main de Christian. Son fils s'évertue à le rassurer.
Très diminué, Omar Bongo souffre beaucoup. On
l'a intubé pour l'alimenter. Les médecins ne lui
autorisent plus qu'une entrevue par jour.

Au cours des heures suivantes, il perd conscience
et restera dans les ténèbres jusqu'à sa mort.
Pourtant, une semaine avant la fin, le général Jean-
Raymond Nzenze, directeur général du Service de
santé militaire, affirmait que le cancer était résorbé,
la maladie sous contrôle...

Ali n'aura jamais été admis à Barcelone. Volonté
du président lui-même, comme l'affirme sa vieille
garde ? Ou seulement de sa sœur, comme le prétend Ali ? Il affirme que celle-ci aurait essayé de
faire parapher à son père un testament dans lequel
il aurait désigné Paul Toungui, son gendre, comme
son successeur[2].

---

1. WikiLeaks, déjà cité.
2. Entretien du 5 décembre 2010.

À Libreville, nul ne sait exactement à quel stade en est la maladie d'Omar. Tout le monde fait comme s'il allait revenir. Les médias sont plus surveillés que jamais. Malheur à ceux qui dépassent la ligne rouge ! Le 25 mai, *Ezombolo* et *Le Nganga*[1] sont fermés pour six mois. « Le Gabon est entré dans une période très, très stressante », confie Ali à l'ambassadeur américain. Et il ajoute qu'il « rencontre une plus forte opposition de son parti et de sa famille que de l'opposition officielle ». Ali est très diminué. Il souffre beaucoup, est lui aussi intubé pour se nourrir. Les médecins ne lui autorisent qu'une réunion par jour.

Pascaline revient à Libreville le 28 mai. Elle rapporte de Barcelone un message de son père : « Le président insiste pour que la Constitution soit respectée. » Elle en confie la teneur à un homme d'affaires américain qui la communique à son ambassadeur à Libreville[2]. Message retors, puisque la Constitution, en l'espèce, c'est d'abord et avant tout l'article 10. Pascaline convoque son frère et lui reproche de vouloir fomenter un coup d'État alors même que le président va bientôt rentrer au pays : « Le président est très fâché contre toi, tant pis pour toi quand il va arriver. » Ali Bongo reconnaît que « les militaires étaient

---

1. Journaux d'opposition à connotation satirique.
2. Révélé par WikiLeaks, déjà cité.

prêts à faire un putsch pour déjouer les manigances[1] ».

Le 29 mai, soit dix jours avant la mort d'Omar
Bongo, Ali effectue une ultime démarche administrative pour se prémunir contre l'article 10. Il se
fait établir un vrai-faux acte de naissance par Serge
William Akassagha Okinda, maire du IIIe arrondissement de Libreville[2]. Acte établi sans l'acte de naissance de la mairie de Brazzaville, mais à partir d'un
acte de naissance n° 201/A3 du 28 février 2000
établi alors que le maire du IIIe arrondissement
n'était autre que Jean-Boniface Assélé, oncle de
Joséphine ex-Bongo...

Autre illégalité : les officiers d'état civil signataires
des actes de naissance n° 201/A3 du 28 février 2000
et n° 65/22/A3 du 29 mai 2009 n'étaient pas habi-
lités à le faire, ce rôle étant réservé au seul officier
d'état civil de la mairie du Ier arrondissement.

Nul besoin d'être fin limier pour constater que
le document censé être la reproduction de son acte
de naissance de Brazzaville est un grossier montage. Le bébé est nommé Ali Bongo Odimba. Or
il n'a pris le prénom d'Ali qu'après sa conversion
à l'islam, en 1973, et s'appelait jusque-là Alain.
De même qu'en 1959 Bongo n'avait pas encore
ajouté « Odimba » à son patronyme. Sa nationalité
y apparaît comme gabonaise, alors que le Gabon

---

1. Entretien du 5 décembre 2010.
2. En annexe, p. 244.

n'a été indépendant que le 17 août 1960 ! La date de naissance de Joséphine ex-Bongo est mentionnée comme le 22 août 1945, alors que, jusque-là, elle affichait celle du 22 août 1944 ! Elle aurait donc accouché de son fils à treize ans, Alain ayant été conçu alors qu'elle n'en avait que douze...

Le 2 juin 2009, Ali Bongo se confie à l'ambassadeur américain et lui présente Patience Dabany, sa mère, venue voir son fils à son bureau pour « s'assurer qu'il suivait bien pour lui-même les instructions des médecins » concernant ses ennuis intestinaux qui l'ont conduit à l'Hôpital américain.

Cependant, en Espagne, Omar Bongo agonise. Ali aurait voulu venir à Barcelone, mais il a été obligé de se rendre à l'évidence : sur ce territoire-là, il était persona non grata.

Le président meurt cliniquement dans la nuit du 5 au 6 juin.

Sachant Bongo au plus mal, Bourgi se trouvait à Barcelone, ce 6 juin, espérant avoir accès à la chambre du mourant. Cet accès lui est barré, et Pascaline refuse de le voir. Il traîne comme une âme en peine dans le hall de l'hôtel Rey Juan Carlos I, où est descendu l'entourage d'Omar Bongo : Pascaline, Paul Toungui, Jean-Pierre Lemboumba, Michel Essonghé, la plume présidentielle, entre autres. C'est là que le Monsieur Afrique de Nicolas Sarkozy apprend ou comprend que le président a rendu le dernier soupir.

Au cours de la soirée du 6 juin, dans une suite où a été dressé un buffet, se déroule une sorte de veillée mortuaire, avec une dizaine de Gabonais assis sur des chaises disposées en rectangle ouvert. Pascaline n'arrive que très tardivement. Elle est défaite, sans maquillage, les cheveux en désordre, des tongs aux pieds. Après un bref conciliabule avec Paul Toungui, elle ressort...

L'ambiance est lourde, mais tous les proches du « Vieux » songent déjà au lendemain. Quel est le meilleur moyen de barrer la route à Ali ? Tous sont en effet convaincus que celui-ci est décidé à prendre le pouvoir par la force si la famille se met en travers de sa route. L'équation à résoudre n'est pas simple, car tous sont également persuadés que Paris l'a choisi comme successeur. Et tous d'égrener les carences et les défauts du postulant. Ils en arrivent à la conclusion qu'il faut faire feu de tout bois, utiliser tous les canaux possibles pour convaincre l'Élysée que le choix d'Ali comporte de nombreux inconvénients, à commencer par le fait qu'il ne peut être considéré comme un allié sûr pour la France...

Tôt, le lendemain 7 juin, Robert Bourgi téléphone au *Point* : « Hier soir, il était mort cliniquement. Je ne sais même pas s'il n'était pas parti avant. » Un peu plus tard dans la matinée, le Premier ministre gabonais affirme au contraire que le président est encore « bien vivant ». Le soir même, l'AFP, citant une « source proche du gouvernement français », confirme le décès du doyen des chefs d'État africains, ladite « source » étant probablement Robert Bourgi lui-même.

Est-ce à ce stade du récit qu'il convient de faire état des bruits médiatiques des journaux espagnols sur la conduite des proches de Bongo à Barcelone ? Le site Lavanguardia.es précise par exemple que, sous la conduite de Pascaline Bongo, cinquante-deux ans, fille du mourant, 40 à 50 personnes accompagnèrent l'agonie du président, prenant plus que du bon temps en Catalogne et faisant bonne chère. Toujours selon ce site, les Gabonais avaient pris leurs habitudes au restaurant Via Veneto de la capitale catalane, où ils s'empiffraient de caviar. Et de préciser qu'ils logeaient dans des suites facturées de 780 à 3 200 euros la nuitée.

Le dimanche 7 juin, Christian, qui se trouve alors à Paris, apprend de la bouche de Nzenze que le président est au plus mal. Il s'en retourne à Barcelone. Il ne comprend pas ce qui se passe, car il se retrouve seul avec le gisant. Cela lui semble étrange, car il est convaincu que son père vit ses tout derniers instants. Tout le monde devrait être là.

Le lendemain, lundi 8, c'est toujours le quasi-vide autour du lit d'Omar Bongo. Christian est de nouveau seul dans la chambre avec son père au corps pénétré de nombreuses sondes et cerné d'appareils. Pour lui, son père aura eu un souffle de vie jusque vers 14 heures. À ce moment, le vieux président se serait éteint.

Le Premier ministre, Jean Éyéghé Ndong, publie un communiqué : « C'est à 14 h 30 (12 h 30 GMT) que l'équipe médicale m'a informé, ainsi que les officiels et membres de la famille présents, que le président de la République, chef de l'État, Omar Bongo Ondimba, venait de rendre l'âme des suites d'un arrêt cardiaque. »

À Libreville, l'ambassadeur de France est convoqué par les autorités gabonaises, rendues furieuses par l'annonce de la mort de Bongo par les médias français.

Christian est si fatigué qu'il s'assoupit sur un lit à côté du mort jusque vers 18 heures. Il apprend plus tard qu'au neuvième étage ses parents et les proches se sont partagé l'argent des très confortables *per diem* affectés par le Trésor aux « veilleurs » accourus à Barcelone. Christian part en quête du directeur de l'hôpital pour lui demander s'il y a une chambre froide et s'il est prévu d'y mettre la dépouille du président. Il n'y a qu'un minuscule local disponible en sous-sol, où le cadavre est transporté.

Christian s'en revient à l'hôtel Rey Juan Carlos I. Les enfants de Pascaline sont accourus des États-Unis pour tenter de voir leur grand-père.

À Libreville, Ali Bongo ordonne la fermeture des frontières pour parer aux menaces tant externes qu'internes. Les débits de boissons sont fermés, les attroupements, interdits « jusqu'à nouvel ordre », l'armée et la police, mobilisées. Il s'exprime à la télévision en tant que « membre de la famille », non comme ministre de la Défense. Il appelle « au calme et à la sérénité des cœurs et au recueillement afin de préserver l'unité et la paix si chères à notre regretté père ». Un peu plus tard, son ministère annonce le déploiement « de toutes les composantes des forces de défense sur tout l'ensemble du territoire ».

Le mardi, Christian Bongo est resté à Barcelone, et, après une réunion à laquelle assistaient notamment Michel Essonghé et Jean-Pierre Lemboumba, il supervise, pour le compte de la famille, la toilette et le traitement du corps, assurés par une équipe espagnole à la demande du roi Juan Carlos, qui entend qu'Omar Bongo soit traité à l'égal d'un monarque. Il mobilise Serge Ocana, directeur général de la Société nationale des bois gabonais, et Roger Kabori, intendant du domicile du président, pour l'aider dans cette besogne. Christian rend compte à Pascaline. Il lui dit s'occuper de commander un cercueil.

— C'est déjà réglé. Tout a été réglé. Le cercueil est prêt et des embaumeurs viennent des États-Unis, lui rétorque sa sœur.

— Quand avez-vous discuté de la mort de papa ? Qui a décidé ? Et les habits mortuaires ?

Pascaline et son entourage ont commandé ces habits chez Smalto, à Barcelone. À titre de précaution, Christian donne quand même des ordres au blanchisseur de son père pour qu'il nettoie chemise, pantalon, veste, sous-vêtements...

Le corps du mort a considérablement enflé. La chemise se révèle trop étroite. Il faut la découper dans le dos pour pouvoir la fermer devant. De même pour la veste. Une ridicule cravate bariolée lui est mise. Christian réussit à la faire changer pour la remplacer par une noire. Pascaline avait prévu que le corps serait embaumé à Libreville. Du fait notamment des conditions de transport et des différences de température, l'opération s'est révélée impossible. Malgré quelques fortes oppositions, Christian décide de faire sceller le cercueil afin de se prémunir contre d'éventuelles menées de paparazzis. Assistant à la télévision à l'exécution de Saddam Hussein, Omar Bongo lui avait fait promettre d'empêcher que soient prises et diffusées des photos de sa dépouille. Conformément aux traditions des Tékés, un chef mort ne doit pas être vu.

À la suite des réunions tenues le 6 juin à l'hôtel Rey Juan Carlos I, un rapport est rédigé pour expliquer que le choix d'Ali Bongo par la France est un mauvais choix. Ce rapport est remis à la DCRI, à la DGSE, à Pierre Charon, proche de Sarkozy, lequel le remet à Claude Guéant. De leur côté, Paul Toungui et Jean Ping ont pris contact avec le même Guéant, qui les a gentiment éconduits, prétextant que « l'Élysée n'a pas de candidat »...

Ali, qui se sait soutenu par Nicolas Sarkozy, prend en main l'organisation des funérailles de son père. Dans la soirée du 11 juin, les membres de la famille réunis à la présidence se l'entendent dire : « Papa, c'est fini. Il faut faire autre chose, et j'en ai les moyens[1]. » Les moyens ? S'il a encore contre lui les « bongoïstes » regroupés derrière Pascaline Bongo, Ali sait pouvoir compter sur la quasi-totalité de la hiérarchie militaire, sur la France et sur les Corsico-Africains.

Les obsèques ont lieu le mardi 16 juin. Nicolas Sarkozy est hué par une quarantaine de jeunes Gabonais : « La France, on n'en veut plus ! Partez ! Laissez le Gabon tranquille ! » Cette manifestation a obtenu à l'évidence l'assentiment des autorités[2]. « Sarkozy a saboté les relations France-Gabon, voilà pourquoi il est crié *[sic]* ici », explique un des manifestants, faisant référence à l'annonce de la mort d'Omar Bongo par les médias français, vingt-quatre heures avant l'annonce officielle, mais faisant aussi allusion à la mise en cause du défunt président, à Paris, dans l'affaire des biens mal acquis.

Lors de la veillée précédant le départ de la dépouille pour Franceville, tout le monde est réuni dans une grande salle de la présidence. Les haut-parleurs distillent des airs qui n'ont rien à voir

---

1. *La Lettre du Continent* du 21 avril 2011.
2. *Le Monde*, 17 juin 2009.

avec de la musique funèbre. Christian fait changer la programmation. Ali, furieux, se dirige vers son frère :

— Qu'est-ce qu'il y a ?

— Ce n'est pas un show, mais la veillée mortuaire de notre père !...

— C'est moi qui ai donné l'ordre...

— Je m'en fous. J'ai mis une musique adaptée aux circonstances...

La discussion s'envenime :

— Si tu as l'intention de perpétrer un coup d'État, je ne serai pas de ton côté.

— Je m'étais arrangé avec papa et Sarko...

— Jamais ! Tu es un menteur. Tu n'es même pas venu à Barcelone...

— C'est Pascaline...

— Tu racontes n'importe quoi...

— Qu'est-ce que tu veux ? Je sais bien que tu es incontournable...

— Tu me mets où, dans ton projet ? Laisse les opposants s'exprimer, et le meilleur gagnera... Quand tu prendras le pouvoir, tu installeras tes copains à toutes les places importantes... Cesse d'abord de faire arrêter des gens. Cesse de me menacer de mort !

Ali pète alors un câble :

— J'en ai marre de toi[1] !

---

1. Témoignages recueillis auprès de plusieurs témoins de la scène.

À minuit, les dignitaires du Djobi[1] demandent à tout le monde de sortir. Puis ils chantent et préparent Bongo à prendre le chemin du non-retour. Les femmes n'ont pas le droit de pleurer tout de suite. Il faut d'abord préparer le mort au grand voyage...

Le lendemain, à Franceville, une première réunion regroupe les seuls enfants d'Omar Bongo. Ali déclare que la famille doit rester soudée et menace tout le monde : il dit avoir les moyens de faire respecter ses injonctions. Il laisse entendre que le temps de son père est terminé : « Celui qui ne suit pas sera exclu. Gare à lui ! »

Le jour d'après, Ali se montre rassurant, annonce sa candidature et demande un soutien unanime. Il raconte qu'à la présidence il y a beaucoup d'argent liquide qui n'est pas destiné à la famille : « Ce sont des fonds politiques... » Seul, à la fin de la réunion, le général André Oyini, neveu du défunt président, ex-chef de la Garde présidentielle et gestionnaire, selon la coutume des Tékés, des questions familiales, affirme que s'il y avait d'autres candidats « on verrait »...

---

1. Société secrète du Haut-Ogooué.

12.

André M'Ba Obame arrive en tête de l'élection présidentielle, Ali Bongo se proclame vainqueur

Ali Bongo est proclamé vainqueur de l'élection présidentielle du 30 août 2009 avec 41,73 % des voix, contre 25,88 % à André M'Ba Obame et 25,22 % à Pierre Mamboundou... En réalité, Ali Bongo est arrivé deuxième, voire troisième, comme me l'a confié un vieux « bongoïste » qui a participé de très bonne grâce au trucage. Avant de se rétracter, Michel de Bonnecorse[1], ancien Monsieur Afrique de Jacques Chirac, avait déclaré lui aussi que les résultats devaient être inversés.

Un document non publié[2] de la Commission électorale nationale autonome et permanente (CENAP)

---

1. Dans le documentaire *Françafrique*, de Patrick Benquet.
2. Mais que je conserve dans mes archives.

donne, au lendemain de l'élection, à 12 h 20, M'Ba
Obame vainqueur avec 78 596 voix contre 57 050 à
Ali Bongo et 56 575 à Pierre Mamboundou.

Les diplomates américains n'ont pas cru, eux
non plus, à la victoire du fils d'Omar Bongo et
l'ont fait savoir au département d'État. Ils se
sont d'abord appuyés sur les chiffres du Haut-
Ogooué. Le câble envoyé à Washington préci-
sait notamment : « La plupart des observateurs
s'accordent sur une importante incohérence : la
forte participation et le décompte des voix dans
le Haut-Ogooué, province natale de la famille
Bongo et des Tékés. Le Haut-Ogooué est peu
peuplé ; région densément forestière, il manque
d'infrastructures importantes. Il a été la seule
province à voter, selon le ministère de l'Intérieur,
à une écrasante majorité pour Ali Bongo. [...]
La plupart des observateurs n'acceptent pas que
Port-Gentil et sa province aient 10 000 électeurs
de moins que le Haut-Ogooué. Selon l'analyse
de l'ambassade, sans le grand nombre de voix du
Haut-Ogooué, les 41 % d'Ali Bongo rétrécissent
considérablement. Si on contrôle le pourcentage
du Haut-Ogooué en le ramenant dans des proportions de suffrages exprimés plus proches de
celles des autres provinces et à une population
de votants plus raisonnable, Ali Bongo perdrait
12 % de son chiffre officiel, ce qui le ramène-
rait dans la marge d'erreur de ses principaux

challengers[1]. » Les Américains ignoraient que des avions d'Afrijet, la compagnie de Michel Tomi, avaient débarqué à Franceville, venant de France, avec des urnes destinées au scrutin. Selon un des convoyeurs, elles auraient été bourrées de bulletins en faveur d'Ali...

Un membre important de la vieille garde d'Omar Bongo[2] qui a participé au trucage va encore plus loin que les Américains : « Ali n'est arrivé que troisième à l'élection, derrière André M'Ba Obame et Pierre Mamboundou. L'élection présidentielle a été falsifiée. Un véritable coup d'État a été monté grâce à la menace d'intervention militaire et aux manœuvres de la Cour constitutionnelle. J'assume totalement avoir participé à ce putsch pour contrer la menace fang[3] qu'André M'Ba Obame faisait peser sur les Altogovéens[4]. Au slogan "Tout sauf Ali !", nous avons riposté par "Tout sauf les Fangs !". Au surplus, selon la tradition, André ne pouvait prendre le pouvoir, lui qui avait été accepté au sein de la famille

---

1. Câble révélé par WikiLeaks.
2. Nombre d'anciens de l'entourage d'Omar Bongo m'ont parlé à condition que je respecte leur anonymat. Tous invoquent le même argument pour justifier leur réserve : « Ali est capable de tout... »
3. Menace causée par un représentant de l'ethnie fang, majoritaire.
4. Population du Haut-Ogooué.

Bongo : c'est lui qui avait mis sa nièce dans le lit du président... »

Comment et pourquoi tous ses adversaires – Pascaline Bongo, Paul Toungui, Jean Ping, Jean-Pierre Lemboumba... – se sont-ils retrouvés, à la mi-juillet, derrière Ali Bongo ? Après mûre réflexion, ils en seraient arrivés à la conclusion que celui-ci, à défaut d'être le meilleur candidat, était probablement le moins mauvais. Ils ont compris que si Ali n'était pas investi par le parti officiel il prendrait le pouvoir de force, avec toutes les conséquences et les risques de dérapages majeurs qu'impliquait un tel coup d'État.

Compte tenu de son caractère fantasque et velléitaire, il était préférable de l'« encadrer » au maximum, en lui fournissant les cadres français qui l'aideraient à gérer une succession délicate.

Cet encadrement serait interprété comme le meilleur geste de bonne volonté des Gabonais à l'égard des autorités françaises, qui avaient décidé, pour leur part, de le soutenir. Le principal souci des intimes du défunt était de préserver la paix civile. Ali, ne disposant pas des qualités nécessaires pour exercer le pouvoir, devrait se plier à leurs exigences. La décision de l'appuyer et les attendus qui l'ont motivée ont été transmis à Claude Guéant. Les membres du cercle rapproché auraient pu ajouter qu'ils craignaient qu'un Fang une fois installé au pouvoir, eux-mêmes n'en soient éjectés, et leur fortune avec.

La décision de soutenir Ali a été loin d'être linéaire. Elle s'est accompagnée de nombreuses duplicités, de retournements, de trahisons... Le premier revirement de Pascaline vis-à-vis d'Ali aurait suivi l'accusation, portée contre elle par celui-ci, d'avoir recruté des mercenaires israéliens pour fomenter de son côté un coup d'État.

Peu après le retour de Franceville de la famille Bongo, Christian, rendu amer par ce qui s'est passé à Barcelone, va trouver Pascaline. Il estime que, vu les circonstances, l'heure n'est pas venue de s'appesantir sur le passé. Au nom de l'amour qu'ils portaient tous deux à leur père, ils s'entretiennent de l'avenir immédiat :

– Ton frère est en train de s'organiser, et il prétend que tu le soutiens, lance Christian.

– Il vaut mieux soutenir Ali...

– Il n'est pas dit que ce soit lui qui va s'imposer.

– Réfléchis bien...

Et Christian d'exprimer à nouveau ses plus expresses réserves.

Sitôt ce dernier sorti, Pascaline appelle Ali pour lui rendre compte de l'entretien qu'elle vient d'avoir avec leur frère...

Panique, encore, quand Christian Bongo annonce, le 3 juillet, sa propre candidature. Alors patron du Conseil national de sécurité, le général M'Baye fait alors le forcing pour que tous les bongoïstes soutiennent Ali. Christian envoie donc sa lettre de candidature au Parti démocratique gabonais. Un geste de pure provocation, puisqu'il rédige dans le même temps une lettre de retrait de candidature. Alors que la première est déjà déposée au siège du PDG, il se rend chez le général M'Baye pour lui annoncer qu'il vient de prendre « une bonne décision ». Hors de lui, M'Baye lui demande de retirer sa candidature.

– Non, pourquoi donc veux-tu que je la retire ?

– Je te donne un ordre. Maintenant, on ne rigole plus ! Tu n'en sortiras pas vivant, si tu la maintiens. Tu ne reverras plus la lumière du jour...

– Je ne la retirerai pas !

– Tu es mort !

Christian fait alors remarquer qu'il est armé et qu'ils ne sont que tous deux... Puis il annonce à son vis-à-vis qu'il a également déposé une lettre de retrait :

– Je sais maintenant tout ce que je voulais savoir...

Pendant que se fourbissent les mécanismes du trucage électoral à venir, l'autre, l'« invisible », l'irrationnel, avec ses marabouts, ses féticheurs, ses « fusils nocturnes », se met également en branle. « Impossible de diriger le Gabon sans l'agrément des dieux de la mer, de la forêt et de la savane », m'explique un cadre gabonais qui a soutenu le candidat à la présidence. Ali est d'abord intronisé par le frère aîné d'Omar Bongo, son oncle, par les anciens du Haut-Ogooué, par les femmes de l'ethnie miénée, par les frères du Grand Orient et de la Grande Loge nationale française réunis en convent à Libreville... Sans oublier la transmission de tous les attributs du pouvoir : secrets, fétiches, sacrifices rituels. Et parce que le vaudou se promène seul au Gabon, ce qui peut créer des interférences avec l'exercice du pouvoir par Ali, il est nécessaire de ramener au pays le fils du prêtre vaudou d'Omar Bongo. Or « il risque d'être très difficile de le convaincre de mettre les pieds au Gabon », m'a confié un homme de l'« invisible »...

L'argent commence à affluer vers Ali. Dont celui, on l'a vu, de Michel Tomi, qui met également des avions d'Afrijet à sa disposition. Il faut y ajouter les 50 millions de dollars du Premier ministre koweïtien, et combien encore de Pascaline ?

Les conversations téléphoniques captées par le Silam[1] et reproduites par le journal d'opposition *Échos du Nord* jettent un éclairage intéressant sur l'implication de la France dans le processus électoral ainsi que sur le soutien apporté à Ali par le clan Bongo avec Jean-Pierre Lemboumba, coordinateur des services de la présidence, comme principal pivot du côté gabonais. Côté français, les rôles principaux reviennent à Claude Guéant, Alain Joyandet, secrétaire d'État à la Coopération, Stéphane Bellati, chef de poste de la DGSE, Michel Roisin, ambassadeur

---

1. Système d'écoutes avancé installé conjointement par les services français et gabonais.

de France, et à l'inévitable Robert Bourgi, alors même qu'officiellement Paris déclarait ne soutenir aucun candidat. Bourgi fournit la traduction de la position française : « La France n'a peut-être pas de candidat, mais mon candidat c'est Ali Bongo : de façon subliminale, les Gabonais comprendront. » À partir des écoutes, Désiré Ename, patron des *Échos du Nord*, évoque d'abord l'agacement des Français, d'Ali et de Jean-Pierre Lemboumba contre Rose Rogombé, présidente de transition[1], qui, à la requête normale de l'opposition, a demandé à Ali Bongo de se démettre de ses fonctions de ministre de la Défense, puisqu'il se servait de son administration pour préparer sa campagne. Le 14 août 2009, Robert Bourgi explique à Bellati que, « initialement, un arrangement avait été convenu pour faire assurer en temps voulu l'intérim du ministre de la Défense par un autre ministre, mais il semble que madame la présidente ait subi des pressions qui l'ont amenée à s'exprimer plus tôt que prévu. »

La conversation entre les deux interlocuteurs se poursuit le même jour en ces termes : « Il n'y a pas de conséquence immédiate, sauf que c'est l'évidence qu'elle n'est pas hermétique aux pressions, qu'elle est fragile, influençable, alors que des assurances avaient été données de Paris ; par conséquent, il faut en prendre acte, car elle-même ouvre la boîte de Pandore. » Des formulations qui montrent que

---

1. Elle assure l'intérim en cas de vacance du pouvoir.

Paris a pris des dispositions pour aider Ali Bongo
et que celles-ci risquent d'être contrariées par le
comportement « neutre » de Rose Rogombé. Les
« hommes de l'ombre » digèrent mal l'annonce de
la destitution d'Ali Bongo et se demandent si elle
n'aura pas de conséquences. Sous-entendu : pour
leur plan. Bellati a l'air le plus inquiet.

Les inquiétudes suscitées par Rose Rogombé se
font plus fortes après le 17 août, jour de la fête
nationale au Gabon : Ali Bongo veut exposer à
Lemboumba un autre souci de grande importance.
Il a l'impression que madame Rogombé, sous l'insti-
gation des « généraux », dont Auguste Roger Bibaye
Itandas et Ntumpa, voudrait nommer un nouveau
ministre de la Défense sans consulter qui que ce
soit. Il ajoute qu'il est de plus en plus significatif
que, sous la poussée de son entourage, elle souhaite une transition plus longue. Lemboumba est
d'avis d'arrêter ça rapidement : c'est intolérable !
Hors de lui, Lemboumba s'exclame : « Ntumpa
est du Haut-Ogooué. Il ne peut accepter ça ! Il
faut arrêter ça ! » Il devine que le but est de faire
partir Ali pour le remplacer par son oncle Ngari,
un ancien ministre de la Défense d'Omar Bongo.
Or, pour Lemboumba, « Ntumpa est l'homme de
votre oncle. »

Ali Bongo marque son inquiétude : « Ça va commencer à devenir dangereux ! Ils vont faire une
intervention brutale auprès d'elle. » Il poursuit :
« Le gros problème qui se présente, c'est que tout

le monde va partir sur le terrain, et qu'elle va faire ce qu'elle veut. »

Pour dissiper les soucis de son interlocuteur, Lemboumba prend l'engagement de parler dès le lendemain à Rose Rogombé.

Dans le droit fil de cette conversation, Lemboumba annonce à Ali Bongo que les amis français « ont téléphoné à trois reprises, hier pendant la nuit, pour lui avouer qu'ils sont préoccupés par les "menaces qui planent sur la colonie française". » Ils demandent à Lemboumba de venir en discuter à Paris.

Sur ce, Ali Bongo exprime à Lemboumba son souhait que l'ambassadeur de France aille trouver Rose Rogombé pour lui dire clairement : « Finissez-en avec cette transition, parce que nous, on va très mal le prendre, si vous continuez comme ça ! »

Le 18 août, Robert Bourgi confirme à Ali Bongo qu'il attendra Lemboumba à Paris. Bongo explique qu'« il faut qu'ils [les Français] comprennent la nécessité pour eux d'agir ».

Lemboumba téléphone de Paris à Ali pour le rassurer : « Ils feront tout », dit-il de manière elliptique.

C'est à l'issue de ce voyage que les choses s'accélèrent. Le 23 août à 16 h 38, Jean-Pierre Lemboumba rappelle Bourgi pour lui dire qu'il est attendu à Libreville et qu'il doit lui transmettre des documents importants ainsi que des DVD. Que sont au juste ces documents importants et ces DVD ?

Bourgi informe son interlocuteur que, deux jours auparavant, il a eu « un message très important à faire passer à Ali » : « Est-ce que le saint-cyrien [Frédéric Bongo[1]] a transmis ce message ? – Non », répond Lemboumba, qui demande à Bourgi de « le laisser tomber, de ne plus passer par lui ». Bourgi en est d'accord. De Frédéric Bongo, il dit : « C'est un garçon qui ne se pénètre pas de l'importance du moment. C'est gravissime, car le message était hyperimportant. »

De quoi était-il donc question ? Bourgi explique à Lemboumba que « le Grand Chef », Sarkozy, l'a appelé et qu'ils ont longuement parlé de la situation : « Le Grand Chef a décidé d'envoyer mardi Alain Joyandet chez le "voisin d'à côté", Obiang Nguema[2]. Il devra lui donner des consignes très strictes » en lui précisant qu'« Ali est notre protégé », qu'il « ne veut pas que le pays traverse une période difficile ; Obiang devra rappeler à l'ordre ses sbires. Joyandet devra lui expliquer qu'il est préférable qu'il garde l'argent pour le bien de son pays à lui. »

Bourgi précise : « Joyandet part donc mardi matin (25 août) à 6 heures, heure locale, il arrivera à Bata à 13 heures, sera conduit directement chez Obiang où ils déjeuneront en tête à tête, et, deux heures après, il redécollera pour Paris. »

---

1. Frère d'Ali, responsable des services secrets.
2. Président de la Guinée équatoriale.

Lemboumba « approuve la décision prise par le "Boss". C'est la bonne décision. » Il demande à Bourgi « d'activer Denis Sassou-Nguesso ainsi que Paul Biya[1]. » Toutefois, pour lui, « la personne idéale en ce moment est Biya, mais, en appoint, il peut utiliser Denis ».

Bourgi promet de répercuter le message le soir même...

Le coup d'État électoral fomenté par Ali Bongo avec l'aide de la France aura donc réussi, mais a laissé des traces. Dès la proclamation des résultats, de violentes manifestations, durement réprimées, ont lieu à Libreville, mais surtout à Port-Gentil, entraînant la mort de plusieurs protestataires qui s'en prenaient aux installations diplomatiques et industrielles françaises.

La question de l'identité véritable d'Ali Bongo revient alors sur le tapis. Se référant à l'article 10 de la Constitution, Luc Bengono Nsi, un des candidats malheureux à l'élection présidentielle, dépose un recours devant la Cour constitutionnelle, demandant l'invalidation du scrutin, au motif qu'Ali Bongo aurait été adopté et aurait donc acquis la nationalité gabonaise. Il affirme également qu'Ali s'appelait à l'origine Obi Geoffrey et serait le fils du défunt Ojukwu Emeka, leader sécessionniste du Biafra. Je n'ai trouvé aucune trace de cette

---

1. Président du Cameroun.

affirmation. Ali serait arrivé au Gabon à l'âge de neuf ans, passager n° 141, portant le brassard n° 9. Pour étayer sa requête, il reproduit aussi des passages d'*Affaires africaines* : « La propre épouse du président gabonais n'a pas non plus d'enfant. La progéniture de Bongo n'est pas de Marie-Joséphine. Ses enfants viennent d'autres lits – notamment ceux des sœurs de sa femme – ou ont été adoptés par le couple présidentiel lors de la guerre du Biafra [...]. Le patron du CIRMF affirme que le centre a déjà trouvé certaines causes d'infertilité : parasites, paludisme, filaires... En attendant que le miracle – national et présidentiel – ait lieu, Marie-Joséphine Bongo hante les maternités du Gabon. C'est la seule activité inhérente à sa fonction qui lui tienne à cœur. Elle aime être prise en photo avec des bébés dans les bras. La présidente hante aussi, dit-on, les consultations des grands gynécologues, ceux de Franceville et d'ailleurs. »

C'est à cette date qu'Ali Bongo m'a fait demander par un émissaire de publier un communiqué reconnaissant que je m'étais trompé.

Luc Bengono Nsi a été débouté de son recours devant la Cour constitutionnelle, mais n'a pas pour autant abandonné la partie. Le 23 mai 2011, il a déposé plainte pour usage de faux avec constitution de partie civile devant le procureur de la République : « Cette naissance aurait dû, explique-t-il, être constatée par un acte délivré à Brazzaville. Cette ville, qui était [à cette date] la capitale de l'Afrique-Équatoriale française (AEF), disposait de toutes les structures nécessaires aux déclarations de naissances. Si les parents et les autorités médicales devant constater l'accouchement s'étaient montrés négligents pour déclarer la naissance dans les trois jours, délai légal prévu à l'article 55 du Code civil français en vigueur en AEF, un jugement supplétif d'acte de naissance rendu par le tribunal civil du lieu de naissance aurait utilement pallié cette carence. Se faire établir cette pièce d'état civil, qui atteste la naissance à la vie juridique d'une personne physique, et qui est toujours demandée à chaque étape de sa vie civile et civique, cinquante ans après sa naissance, laisse augurer du faux[1]... » Et il joint à sa demande le faux acte de naissance établi à la mairie du IIIe arrondissement de Libreville le 29 mai 2009.

Le jour même du dépôt de cette plainte, le journal *Ezombolo* en rend compte et publie une reproduction du fameux acte. Une semaine plus tard, les *Échos du Nord* titrent sur toute leur une : « PLAINTE CONTRE X. D'OÙ VIENT ALI BONGO ? », avec, au-dessous, une photo d'Ali et une reproduction de la fausse pièce d'état civil[2]...

Depuis lors, les journaux d'opposition reviennent régulièrement sur la nationalité nigériane du président et sur la fable de sa naissance à Brazzaville.

---

1. Voir en annexe, p. 245-246.
2. Voir en annexe, p. 243.

Des témoins prennent même le risque de s'exprimer. Ainsi cet officier supérieur de l'armée gabonaise originaire du Haut-Ogooué, désigné sous ses seules initiales I.N. : « Alain (ancien prénom d'Ali Bongo Ondimba) est un fils adoptif. Trouvez-moi une seule personne qui l'ait vu quand il avait 1, 2, 3, 4, 5... voire même jusqu'à 7 ans ! Personne ! À Lewaï (actuel Bongoville), notre village, tout le monde se connaît et connaît son histoire. » Ou encore Thérèse Mouyivou, qui n'a pas peur de témoigner ouvertement sous son nom. Ex-sage femme principale de l'administration coloniale à l'hôpital général de Brazzaville pendant de longues années, notamment en 1959, elle apporte un démenti formel aux propos de Patience Dabany et de son fils selon lesquels Alain-Bernard Bongo serait né dans son ancien établissement.

Ali est parfaitement conscient que l'affaire de sa véritable identité est loin d'être terminée et qu'elle va devenir, au contraire, un thème central de la campagne présidentielle à venir. Comment y remédier ? Fin 2013, Patience Dabany a tenté une nouvelle manœuvre pour obtenir un acte de naissance établi à Brazzaville. À cette fin, elle est passée par la mère de Hugues Ngouélondélé, maire de la capitale, gendre de Denis Sassou-Nguesso, laquelle a accepté d'organiser une rencontre entre son fils et la mère d'Ali. La chanteuse a demandé à récupérer l'acte de naissance de son fils, censé se trouver, a-t-elle prétendu, dans les archives municipales. « Monsieur

Gendre » a promis à Patience de faire le nécessaire, et a demandé à ses services de procéder à la
recherche. Un acte de naissance a bien été trouvé
dans les archives de Makélékélé (Ier arrondissement de Brazzaville). Intrigué par cette trouvaille,
le maire a examiné de près le document et s'est
rendu compte que c'était un faux. Il l'a enfermé
dans son coffre et a désormais évité la chanteuse...

Désiré Ename, directeur des *Échos du Nord,* et
Jean de Dieu Ntoutoume Ayi, directeur d'*Ezombolo,* irritent au plus haut point le pouvoir. Ce sont
eux qui, les premiers, ont publié le fac-similé du
faux acte de naissance. Au surplus, c'est Ename
qui a révélé le contenu des écoutes impliquant
sérieusement le « Grand Chef » dans le processus
de l'élection qui a amené Ali Bongo à la présidence.
Les deux enchaînent révélation sur révélation sur
le régime d'Ali Bongo, mais dénoncent aussi les
mesures de suspension de leurs journaux, les inter-
pellations dont ils font l'objet.

Sur sa page Facebook, l'avocate Paulette Oyane-
Ondo, présidente du Centre pour la promotion de
la démocratie et la défense des droits de l'homme
au Gabon, lance le 14 novembre 2013 le message
suivant : « Alerte, alerte, alerte, alerte, alerte, alerte,
alerte, alerte, alerte ! Messieurs Désiré Ename et
Jean de Dieu Ntoutoume Ayi sont actuellement
en danger de mort ! » Et elle poursuit : « Un plan
a été ourdi par Patience Dabany, chanteuse et
mère du président de la République, pour liquider

physiquement avant janvier 2014 Désiré Ename, directeur de la publication du journal *Échos du Nord*, et Jean De Dieu Ntoutoume Eyi, directeur de la publication du journal *Ezombolo*. Ladite Patience Dabany a tenu une réunion à cet effet, chez elle, dans la nuit du 30 au 31 octobre dernier. Y prirent part un commandant en second des armées – corps des Bérets rouges –, un capitaine des Bérets rouges, un autre Béret rouge, un adjudant-chef major de la Garde présidentielle... La mère du président de la République considère que messieurs Ename et Ntoutoume Ayi constituent un danger pour la famille Bongo Ondimba. Au cours de la même réunion, elle a par ailleurs appris à ses sbires que le directeur d'*Échos du Nord* détient des dossiers très sensibles qui pourraient déstabiliser le régime de son fils (ce qui est vrai). Aussi a-t-elle chargé ses hommes de main ainsi réunis d'organiser leur exécution avant janvier 2014. Un commando a été mis en place, composé des éléments des Bérets rouges et de la GP. [...] Le monde entier doit être informé de ce projet macabre. Il est inadmissible qu'une personne décide ainsi de disposer à sa guise de la vie d'autrui. »

Si les deux journalistes n'ont pas été exécutés, l'alerte lancée par cette avocate n'en est pas moins révélatrice du climat qui prévaut au Gabon...

13.

Un commerce florissant :
les « pièces détachées » humaines

« Vision d'horreur, ce mardi à la mi-journée, à Oloumi, dans le Ve arrondissement de Libreville, écrit Jonas Moulenda dans le quotidien *L'Union* daté du mercredi 5 juin 2013. Un sac contenant des organes humains a été découvert dans un coin de l'ancien campus du centre de formation professionnelle Basile-Ondimba. Selon les responsables de cet établissement, la macabre découverte aurait été faite par des stagiaires qui voulaient aller faire miction *[sic]* dans les environs. Le sac, un emballage de riz de 50 kilos, était dissimulé derrière les marches d'un escalier. Il y aurait été déposé nuitamment par des individus qui s'apprêtaient à le transporter en un autre lieu, probablement pour le livrer aux utilisateurs d'organes humains. »

Des appareils génitaux féminins, des sexes masculins, des cœurs, entre autres organes humains à la nature attestée par un médecin légiste, ont été trouvés dans ce sac. Des « pièces détachées » prélevées sur plusieurs victimes. Fait divers exceptionnel ? Que non ! À la suite de cette découverte, un journaliste de *Gabonreview* écrit : « Le Gabon est-il devenu un pays de cannibales ? N'y a-t-il pas autre chose qui se cache derrière ces crimes ? Qu'est-ce qui peut motiver autant à arracher des vies malgré toutes les voix qui dénoncent ces actes ? La justice fait-elle ce qu'il faut pour punir les coupables ? Autant de questions devant donner matière à réflexion. »

Et de donner la parole à un parent de famille nombreuse qui craint désormais pour sa progéniture : « Il faut que le président de la République fasse quelque chose ! Trop c'est trop ! Tous les jours, au Gabon, on découvre maintenant un corps avec des parties manquantes. Le chef de l'État doit prendre ses responsabilités ! »

Une grave affaire avait déjà agité récemment Libreville, mettant en cause un proche du pouvoir. Le 24 décembre 2012, le Sénat, après plusieurs mois de tergiversations, avait levé l'immunité parlementaire de Gabriel Eyeghe Ekomie, sénateur de Kango, afin qu'il soit entendu par la justice. En mai 2012, Aristide Pambo Moussounda avait été condamné à la prison à perpétuité pour le meurtre de la jeune Bilemba Mouenguela, âgée de douze ans. L'homme avait reconnu les faits mais déclaré avoir agi sur ordre du sénateur Gabriel Eyeghe Ekomie, qui lui aurait remis de « l'argent pour tuer quelqu'un et prélever des organes, notamment la langue et le sexe ».

D'autres affaires de ce genre trouvant régulièrement place dans la rubrique « faits divers » et suscitant l'inquiétude de la population, Ali Bongo fut obligé de s'impliquer : le 27 mars 2013, il convoqua une réunion extraordinaire pour condamner fermement ces crimes rituels, et fit diffuser son intervention à la télévision : « Nos compatriotes ont peur de ces dérives incroyables, dangereuses... Il paraît que c'est rituel ; en quoi c'est rituel ? Il ne saurait être question qu'un certain nombre de personnes puissent prendre la société en otage... » Et d'assener que les autorités gabonaises se montreraient impitoyables avec les auteurs de ces crimes de sang et leurs commanditaires.

Le 11 mai suivant, il prononça un autre discours à l'occasion d'une marche « contre les crimes de sang à but fétichiste » organisée par Sylvia Bongo, son épouse : « Il n'y aura aucune forme de clémence... »

Le même jour, une marche organisée par un Collectif des femmes contre les crimes rituels partit du rond-point de Nzeng-Ayong pour faire contrepoids à la marche de Sylvia Bongo, qualifiée de « marche des criminels rituels »... Vers 11 heures, une unité antiémeute de la police chargea

brutalement la foule, tirant des bombes assourdis-
santes et des grenades lacrymogènes. Trois leaders
de la société civile furent molestés puis arrêtés. Un
peu plus tard, c'est le correspondant à Libreville de
RFI qui fut à son tour conduit dans les locaux de
la police[1]. Pourquoi cette charge contre une manifestation qui poursuivait apparemment les mêmes
buts que le défilé officiel ?

Pour le Collectif des femmes, les meilleurs spécialistes en crimes rituels se recruteraient parmi
le clan Bongo. Cette confrontation a en tout cas
permis à *La Une* de revenir sur une affaire mettant
en cause une belle-sœur d'Omar Bongo, révélée le
3 janvier 2001 par *La Griffe*[2] sous le titre « Trafic
d'organes humains : Mme Oprah inculpée », reprise
en France par *Le Canard enchaîné* daté du 31 janvier 2001. *La Une* interviewa Michel Ongoundou
Loundah, journaliste à *Gri-Gri international*, qui
avait alors mené l'enquête.

À une trentaine de kilomètres de Franceville,
deux jeunes gens, Marnix et Pablo, à qui on avait
promis de l'argent pour tuer et mutiler Rodrigue
Lembandji, un de leurs amis, l'ont blessé, puis
ont prélevé à vif ses organes génitaux, conformément aux instructions de leurs commanditaires.

---

1. *La Une* du vendredi 17 mai 2013. *La Une* ressemble
au *Canard enchaîné* et se veut, au Gabon, le journal satirique
d'information, de débat et d'investigation.
2. Journal d'opposition.

Les gendarmes n'ont eu aucun mal à retrouver les coupables. Un magistrat a inculpé la belle-sœur de Bongo. « Mais, rapidement, il a été dessaisi de l'affaire au profit d'un de ses collègues, jugé plus accommodant. D'ailleurs, pour la petite histoire, celui-ci avait un petit nom très évocateur : *l'Anes-thésiste !* » Ongoundou raconte que la belle-sœur fut mutée en catastrophe à Libreville, mais que lui-même fut traîné en justice par Omar Bongo...

À la question « Où en est le dossier aujourd'hui ? », Michel Ongoundou Loundah répond : « Comme pour tous les dossiers de crimes rituels, il a été, sans mauvais jeu de mots, tout simplement enterré ! Après un séjour de deux ou trois ans en prison, juste le temps de se faire un peu oublier, les assassins ont recouvré la liberté. Quant à la famille de la victime, Lembandji, certains de ses membres auraient touché de l'argent pour se taire. Le comble du cynisme, dans cette affaire, a été atteint lorsque les commanditaires, pendant la parodie de procès, ont instrumentalisé le petit frère de la victime. Le garçon, attardé mental, a reçu de l'argent avec pour consigne d'accréditer la thèse de la noyade, servie par les assassins aux gendarmes. »

Les leaders de la nouvelle opposition ont saisi à bras-le-corps cette question des crimes rituels. Dans leur première déclaration, le 19 juillet 2014, en vue de la constitution du Front de l'opposition pour l'alternance (le Front), ils ont ainsi déclaré : « Désormais, l'inquiétude et la peur du lendemain se lisent dans les yeux de nos compatriotes. Comment ne pas le comprendre quand on ajoute à cela le cas de nombreuses familles endeuillées par les différents crimes de sang commis, notamment le grave et honteux fléau des crimes dits rituels, jamais élucidés, et qui n'en finit pas ? [...] La persistance de ces crimes odieux ne peut augurer de lendemains sereins pour le pays, car rien n'est fait qui tendrait à décrisper le climat délétère actuel. » Ils ont pointé du doigt les auteurs de ces pratiques barbares : « Bien au contraire, parce que les commanditaires de ceux-ci appartiennent au pouvoir établi, la justice aux ordres installe insidieusement l'impunité des criminels. »

Un ami qui travaillait il y a quelques années à la mairie de Libreville m'a raconté ses tournées, au petit matin, pour ramasser des cadavres d'enfants et d'adolescents mutilés qu'il faisait enterrer dans le carré des indigents, personne, sauf cas exceptionnels, ne les réclamant. Le phénomène a revêtu une telle ampleur qu'un homme courageux dont le fils avait été enlevé, tué et mutilé en mars 2005 a créé l'Association de lutte contre les crimes rituels (ALCR). Jean-Elvis Ebang Ondo affirme que ces pratiques perdurent et même s'intensifient depuis l'arrivée de la « Légion étrangère[1] » au pouvoir : « Une certaine banalisation s'installe dans la société concernant ces monstruosités [...]. Des habitants

---

1. Voir p. 199 et suivantes.

pensent sincèrement que la réussite est liée aux sacrifices humains. Une élite nationale sans foi ni loi utilise elle-même ces pratiques occultes au vu et au su de tous. Le crime rituel est donc devenu une forme de "coutume" intégrée dans les mœurs gabonaises[1]. » Les croyances locales sont pour beaucoup dans cette perception, nombre de Gabonais pensant qu'il faut faire de la magie noire ou appartenir à une loge maçonnique pour réussir.

Les auteurs de ces crimes rituels prélèvent du sang et certaines parties du corps des victimes (yeux, sourcils, oreilles, sexe, langue, lèvres, lambeaux de peau) censés garantir jeunesse, santé, richesse, réussite ou pouvoir. L'accès aux postes politiques et la préservation de ses pouvoirs nécessiteraient de tels sacrifices humains. Selon certaines ONG, ces crimes sont perpétrés par des membres de réseaux bien organisés en échange de fortes sommes. Les « pièces » prélevées sont réputées avoir des vertus permettant d'assouvir la soif de domination des commanditaires. Les féticheurs aguerris proposent à leur clientèle des prélèvements « haut de gamme », opérés sur des victimes encore en vie, jeunes de préférence. Les victimes peuvent être choisies par les commanditaires : il peut s'agir d'une nièce, d'un neveu, d'une tante, d'un nouveau-né, d'un père, d'un frère ou même d'une mère. La victime doit être bien vivante au moment des prélèvements ;

---

1. Sur RFI, le 28 octobre 2012.

à défaut, l'effet recherché par les commanditaires ne sera pas atteint. La victime succombant dans d'atroces souffrances, ses hurlements décuplent la puissance de son bourreau. Des familles entières peuvent être décimées par la soif de sang de certains membres de leurs clans.

Certains commanditaires-bourreaux montrent une préférence pour des enfants ou des nouveau-nés parce qu'ils sont « purs d'esprit ». Il arrive que des femmes ou des jeunes filles engrossées par des hommes riches et puissants, voire par leur propre père, s'entendent réclamer, en échange de fortes sommes, le fruit de leurs ébats : embryon, fœtus ou cordon ombilical. D'autres signent à cette fin des pactes avec leurs partenaires, moyennant un confort assuré, le tout en concertation avec un marabout ou un féticheur.

Le président de l'ALCR estime à pas moins de cent le nombre annuel de crimes rituels perpétrés au Gabon. Tous les observateurs s'accordent pour dire que le trafic d'organes s'intensifie à l'approche des élections ou lors de remaniements au sein du gouvernement... « En un mot, ce sont les hommes politiques qui sont derrière ces crimes rituels. Ils sont soutenus, ils sont solidaires, et se protègent derrière les responsables susceptibles de prendre des décisions. »

Ces crimes font l'objet de fréquents articles dans les nombreux journaux gabonais. Comme beaucoup d'entre eux ne se sentent pas concernés par les lois

punissant la diffamation, des commanditaires politiques sont souvent désignés sans preuves à la vin-
dicte populaire. Le 25 avril 2013, la Convention de
la diaspora gabonaise a ainsi publié une première
liste de « 48 commanditaires de crimes rituels et
assassinats pour des pratiques sataniques », pré-
ludant à une liste totale annoncée de 290 noms !
En tête de cette liste fantaisiste, Patience Dabany,
mère d'Ali Bongo, lui-même figurant en troisième
place. Il n'empêche : si aucune preuve ne vient
étayer cette liste, tout le monde, au Gabon, sait
qu'il y a bien des hommes de pouvoir impliqués
dans ces pratiques barbares.

Alors que je croyais avoir mis un point final à ce
chapitre, je recevais du Gabon l'hebdomadaire *Faits
divers* daté du 25 avril 2014[1]. Les événements qui y
sont rapportés sont-ils exacts ? Je l'ignore, mais la
lecture de ce numéro permet d'entrevoir quelques
pans du monde de l'« invisible gabonais ».

L'essentiel de la une est consacré au « Boucher de
Moukabo », avec la photo de l'homme tenant entre
ses mains une machette, « l'arme de son forfait ».
L'assassin a mutilé une jeune femme enceinte. La
page 3 est intégralement consacrée à l'affaire. Elle
se termine ainsi : « À Moukabo il se susurre que le
jeune homme avait tenté de tuer la jeune fille aux
fins de prélever des organes de son corps. Le fait

---

1. Voir en annexe, p. 250.

que les doigts sectionnés n'ont pas été retrouvés sur le lieu de l'agression n'a fait que crédibiliser cette thèse... » « Il cache ses motivations réelles. Il a probablement été mandaté pour assassiner la jeune fille. Il ne pouvait la mutiler sans raison. C'est invraisemblable », conclut un enquêteur.

Dans le même numéro, un article intitulé « Le corps d'un garçonnet retrouvé mort dans une voiture à Gamba ». Puis un autre : « Toujours pas de nouvelles de la femme à la photo avec une lame, retrouvée sur un arbre à Essassa » ; celui-ci se conclut ainsi : « Les pratiques fétichistes sont monnaie courante dans les forêts de la région. Plusieurs personnes s'y rendent souvent en compagnie de féticheurs pour se livrer à des rituels destinés à faire du mal à autrui ou à contribuer à leur illusoire bonheur. »

Plus loin : « Des fétiches retrouvés dans une maison à Akébé-Poteau ». Mais l'article le plus instructif figure en page 4. Il s'intitule « Dougassou, le village mystérieux[1] », et est l'œuvre de l'envoyé spécial Jonas Moulenda, ancien journaliste de *L'Union*, journal gouvernemental ; je le reproduis intégralement parce qu'il permet de mieux mesurer le poids de ces « rituels de l'invisible » :

« Dans notre pays, les principales valeurs restent la famille et la tradition. Dans le cadre de la tradition, la sorcellerie, science occulte, tient parfois

---

1. Voir en annexe, p. 251.

une place de choix dans la vie de la population. C'est le cas à Dougassou, petit village perdu dans les lointaines terres de la province de la Nyanga, à 25 kilomètres de Moabi, chef-lieu de la Douigny (sud du pays.)

« À cause d'une grande présence mystique, la population est composée en majorité de vieillards. Ceux-ci se livrent chaque jour une véritable bataille spirituelle afin de s'approprier le maximum possible de terres, véritable signe de richesse. Selon nos informations, il y avait là, jadis, beaucoup de jeunes, admirés de tous. Travailleurs acharnés, ils entretenaient alors les vastes plantations de leurs pères, tout en poursuivant leurs études au lycée de la ville de Moabi, à une vingtaine de kilomètres. Ils étaient malheureusement enviés par un petit groupe de vieillards, craints dans le village à cause de leur pratique de la sorcellerie et qui convoitaient par la même occasion les terres familiales. En 2012, a-t-on appris, un jeune homme d'une vingtaine d'années, nommé Mouloungui, a brusquement disparu du village alors qu'il n'était pas allé en brousse.

« Pour lever le voile sur ce mystère, une voyante nommée Mboumba Boussiengou a été mise à contribution par la famille du jeune homme. Lors d'une séance de voyance, la mère spirituelle a révélé que Mouloungui avait été déporté à Diwanga (village de fantômes) et était gardé en captivité par une armée de fantômes au service d'un vieux du village, le nommé J.-F. I.M., aujourd'hui décédé. Indexé par l'ensemble du village, le sorcier a avoué disposer de toute une armée de fantômes parmi lesquels celui de son fils qu'il aurait tué parce que ayant refusé la tête d'un sanglier. Il a également déclaré qu'il avait tué sa mère parce qu'elle ne lui avait pas donné un paquet de petits poissons surnommés "goujons", et que le fantôme de la défunte faisait désormais partie de son armée mystique.

« Après le rituel destiné à faire revenir Mouloungui, le bruit d'un hélicoptère invisible atterrissant au village a rompu le silence matinal. D'après nos informations, les villageois ont eu beau écarquiller les yeux, ils n'ont pas vu le fameux hélicoptère. Seul le bruit de son rotor était perceptible.

« Après le décollage du mystérieux appareil volant, Mouloungui, libéré de l'étreinte des fantômes, a été retrouvé dans une pièce de la maison.

« Le jeune homme ne s'étant pas privé de raconter sa mésaventure aux siens, les mystères se sont multipliés à Dougassou, suscitant ainsi la méfiance des visiteurs et des enfants vivant en ville. Dernièrement, les enseignants affectés dans le village ont déserté l'école. Ils y ont trouvé partout des mares de sang. À en croire une source proche du tribunal de Tchibanga, un vieux du village, Théophile Bouanda, a été pointé par une sommité spirituelle comme étant à l'origine de ce mystère. Cuisiné, il a fini par passer aux aveux, indiquant que c'est l'un de ses fantômes qui avait esquivé un poste de contrôle mystique situé au pont du village, et qui avait livré un sanglant combat mystique dans l'enceinte de l'école. Il a déclaré qu'il faisait partie d'une grande association de malfaiteurs composée d'une dizaine de sorciers du village, rivalisant de talents mystiques et disposant d'une feuille pour faire disparaître leurs voisins.

« Aujourd'hui, de nombreux ressortissants de Dougassou restent imprégnés de la crainte des activités meurtrières prêtées à des sociétés secrètes de sorciers mangeurs d'âmes. C'est une peur qui est d'ailleurs partagée par presque tous les natifs de cette bourgade. Excepté le cas où la cause de la mort est évidente – personnes très âgées ou meurtre –, le décès y est souvent considéré comme le résultat d'une conjuration à caractère magique. Quand un homme meurt dans un accident de voiture, quand un enfant se noie ou qu'un vieil homme décède d'une crise cardiaque, la déduction est vite faite : c'est l'œuvre d'un sortilège.

« La cause de ces décès atypiques est souvent attribuée à un meurtre mystique qui aurait été perpétré lors d'un repas de sorciers mangeurs d'âmes. Un parent est souvent suspecté, ce qui est source de discorde dans les familles, les communautés, et même parmi les ressortissants du village vivant en ville.

« À Dougassou comme dans beaucoup de bourgades du sud du pays, les sorciers sont censés se partager l'âme d'un membre de leur famille encore vivant. Soupçonner son oncle ou son cousin d'avoir assassiné son père ou sa mère en sorcellerie est donc le lot de beaucoup de familles dans ce village des confins du pays. »

14.

Maixent, chef de la « Légion étrangère »

Dans l'entourage de Nicolas II, Raspoutine fondait son pouvoir sur ses prétendus talents de guérisseur et sur son mysticisme, ainsi probablement que sur son appartenance à la secte des *khlysts*[1]. Aux côtés d'Ali Bongo, Maixent Accrombessi, Gabonais de fraîche date[2], à qui les observateurs attribuent plus de poids qu'au président, doit tout son pouvoir au vaudou, à la franc-maçonnerie, à l'argent et la rumeur ajoute : au sexe. Même la très sérieuse *Lettre du Continent* a titré un de ses articles : « La présidence vit au rythme du vaudou ». À Libreville même, la très grande proximité entre Ali et Maixent – que partage également « M6 », roi du Maroc – est un secret de Polichinelle...

---

1. Secte apparue en Russie au XVIIe siècle prétendant que le « péché peut vaincre le péché »...

2. Il est d'origine béninoise.

« Les Européens ne comprennent rien à l'Afrique s'ils n'intègrent pas cet aspect irrationnel », explique Samuel Dossou, ancien Monsieur Pétrole d'Omar Bongo, fin connaisseur du Gabon et du continent noir. Il y a bel et bien deux façons diamétralement opposées d'analyser l'« émirat » d'Afrique équatoriale : celle des experts de tout poil, de la Banque mondiale, du FMI ou d'ailleurs, qui s'appuient sur les données officielles ; et une autre qui, à côté de la logique occidentale, intègre l'« invisible », aussi présent que le tangible et que le vérifiable. Cette seconde approche permet de rendre compte de hiérarchies parallèles parmi lesquelles ministres et hauts fonctionnaires n'apparaissent pas. Seule cette architecture cachée du pouvoir permet de comprendre l'ensemble des réalités gabonaises.

Maixent Accrombessi est sûrement l'homme le plus abhorré du Gabon. Un vocabulaire spécifique a cours à Libreville pour parler de lui. Parce que le premier grief qui lui est adressé est d'être béninois et d'avoir placé des étrangers à des postes clés, il est catalogué comme chef de la « Légion étrangère », ou encore « pôpô » (terme qualifiant sa nationalité béninoise), mais aussi bien « Raspoutine », ou encore « PR-bis » (PR comme « président de la République »). N'a-t-il pas ajouté Nkani à son nom béninois lors de sa récente naturalisation ? Ce choix n'est pas anodin : il signifie tout simplement « chef suprême » dans la langue des Tékés. Même ses adversaires les plus acharnés redoutent ses « pouvoirs maléfiques ». André M'Ba Obame, « AMO », l'homme qui l'a présenté à Ali Bongo[1], affirme avoir été l'objet de sa part d'une « attaque mystique violente ». Et il est vrai qu'AMO n'est plus aujourd'hui que l'ombre de lui-même, ne se déplaçant plus qu'en fauteuil roulant...

Un autre adversaire radical, mais tout aussi prudent dans l'expression de sa radicalité, déclare : « Maixent est entré dans le corps et la tête d'Ali. Lequel est sous son entière dépendance tant qu'il ne se sera pas retiré. Il y a actuellement une guerre mystique entre Maixent et nous. Nous avons déjà marqué quelques points : il commence à y avoir des dissensions entre les deux hommes... Maixent utilise tous ses pouvoirs maléfiques – qu'il renouvelle régulièrement au Bénin et à Libreville en faisant souvent venir vingt à trente marabouts payés à prix d'or, installés dans de grands hôtels... Heureusement, nous avons la croix[2] pour contrer ses pratiques. »

Aussi sûr que Noël se fête en décembre, Maixent est le gourou d'Ali et le « tient » complètement. Maixent est fils d'un douanier, spécialiste du Fâ, technique divinatoire liée au vaudou qui se pratique notamment avec des marmites bouillantes. Le Fâ

---

1. « Quand je l'ai amené, il était quoi ? » a lancé, le 11 août 2012, AMO, candidat malheureux à l'élection de 2009. Et de préciser qu'il n'était alors que son porte-valises...

2. Il s'agit bien de l'emblème chrétien !

est une sorte de langage permettant l'échange entre Dieu et les humains... Il est de notoriété publique à Libreville que, depuis des années, Maixent et Ali s'envolent souvent, à la tombée de la nuit, à bord d'un avion d'Afrijet (la compagnie de Michel Tomi) ou de la présidence, pour Cotonou, capitale du Bénin. De là, les deux hommes se rendent à Ouidah, la Mecque du vaudou, d'où est originaire le père de Maixent. Maixent y est perçu comme le messager de Dieu, très généreux avec les habitants et faisant vivre la région. « Il achète grassement les prêtres vaudous », m'a confié un Béninois. Maixent et Ali se livrent à des séances de vaudou, puis reviennent à Cotonou et reprennent l'avion qui se pose à l'aube à Libreville. C'est à Ouiddah que sont collectés nourritures et fétiches, avant d'être acheminés par avion, quotidiennement ou presque, jusqu'à Libreville.

Un Gabonais qui a accès au palais présidentiel me rapporte une anecdote qu'il dit exacte, croix de bois, croix de fer : « Le matin, avant de rejoindre son bureau, Maixent appelle Ali :

– J'ai consulté papa ; tout va bien, on peut aller au bureau...

Il consulte aussi son père à propos des opposants, puis raccroche et dit à Ali :

– C'est verrouillé ! »

Un autre, officiellement en bons termes avec Maixent, mais qui, je crois, le hait autant qu'il en a peur, me raconte que tous les jours, à son bureau, il trouve des traces de sang :

– Qu'est-ce que c'est ?

– Des fantômes...

Et de préciser qu'il trouve également dans son salon des souris mortes et des empreintes de doigts...

Un autre, dans le même état d'esprit, évoque les crimes rituels qui défraient régulièrement la chronique : «Ils ont tué énormément de gens.» Et la conversation – c'est vrai avec la plupart des Gabonais que je connais – de dériver alors inéluctablement vers l'«assiette roumaine», version gabonaise du «parapluie bulgare», laquelle aurait été utilisée pour empoisonner Georges Rawiri, ex-numéro 2 du Gabon, mort le 9 avril 2006, voire Édith et Omar Bongo, et jusqu'à André M'Ba Obame. Bref, la rumeur gabonaise désigne le chef redouté de la «Légion étrangère» comme le commandant tout-puissant de l'«invisible».

Sous Omar Bongo, pas question de devenir ou d'être un homme important sans être «frère». Ali et Maixent ont emprunté la même voie pour contrôler leur système de pouvoir. Comme pour le vaudou, le vrai maître de la franc-maçonnerie gabonaise est Maixent, même si, sur le papier, Ali est le Vénérable Grand Maître de la Grande Loge du Gabon (GLG). C'est lui, en effet, qui, en quelques années, a gravi quatre à quatre les nombreux grades au sein de la

Grande Loge nationale française (GLNF), la loge mère de la GLG, jusqu'à celui de Grand Expert, puis au sein de la GLG. « Voyageant » en France successivement dans les loges « Étoile du Sud », « Félix Éboué », « Souveraineté et Communauté », il était devenu l'ami des grands maîtres Jean-Charles Foellner, Claude Charbonniaud, puis surtout François Stifani. Maixent a même été admis dans la loge « Zéro », saint des saints de la GLNF.

C'est Maixent qui a fait venir à Libreville, le 31 octobre 2009, les « officiers installateurs », dont François Stifani, Grand Maître de la GLNF. Ces dignitaires maçons – plusieurs anciens Grands Maîtres et Claude Dohou, Monsieur Afrique de la GLNF – ont emprunté, pour ce faire, un avion d'Afrijet de l'ami Tomi. Dans la même journée, Ali Bongo a été initié et élevé au rang de Grand Maître de la Grande Loge du Gabon en lieu et place de son père. Au grand dam de ces gens, cette « tenue » a été filmée et diffusée sur Internet[1] au début de novembre 2010. On y voit notamment Ali Bongo, avec son tablier d'apprenti, entouré d'Éric Chesnel, son ancien précepteur, et de Maixent Accrombessi, son « gourou » de « dircab », tous deux ceints de tabliers de très hauts grades. On voit et on entend l'apprenti jurer : « Je ferai tout ce qui est en mon pouvoir pour servir les intérêts de la franc-maçonnerie régulière en général, et de cette

---

1. Voir sur www.youtube.com/watch?v=lMYkOTxhU5g

Grande Loge en particulier. » Quatre jours plus tard, Ali Bongo ouvrait la conférence mondiale de la franc-maçonnerie régulière à Libreville.

À l'adoration du GADLU (Grand Architecte de l'Univers), ces maçons-là préfèrent volontiers le veau d'or. Les rumeurs les plus folles, relayées par d'anciens dignitaires de la GLNF, courent sur l'utilisation de filières maçonniques pour acheminer des valises de *black* du Gabon à l'aéroport de Cannes. Ainsi Jean-Dominique Angeletti, dignitaire de la GLNF, aurait-il assuré la liaison entre Stifani et Accrombessi. Une certitude : les dérives de Stifani et d'Angeletti ont conduit leurs frères à les évincer de leurs fonctions au printemps 2013... Mais cette « révolution française » n'a pas effleuré le Gabon.

Maixent utilise la GLG pour conforter son pouvoir. Par l'intermédiaire de l'informaticien Jean-Denis Amoussou, un de ses obligés, lui aussi d'origine béninoise, vénérable de la loge « Rite d'York », affiliée à la GLG, il contrôle le recrutement et les promotions, qu'on appelle en langage codé « augmentations de salaires ».

« Maixent contrôle tout et bouffe tout... Et c'est ainsi qu'aujourd'hui il n'y a plus d'argent dans les caisses ! » Il suffit de feuilleter les journaux d'opposition pour retrouver partout ce type d'affirmation. Pour ce qui est du contrôle exercé, c'est évident. Ayant le pouvoir de nomination, il a installé ses hommes à tous les postes clés. Il maîtrise totalement le renseignement. Toutes les écoutes – et elles sont nombreuses – arrivent sur son bureau avant d'aller éventuellement sur celui d'Ali. Il gère toutes les institutions qui ont trait à la sécurité. Il se fait épauler sur ces questions par le général Alioune Ibaba, un Congolo-Sénégalais. Le « Shebab », c'est-à-dire le Gabono-Somalien Liban Souleymane, chef de cabinet à la présidence, est un de ses hommes à tout faire, par ailleurs adulé par un « M6 » qui le couvre de cadeaux. Éric Chesnel, ex-précepteur d'Ali, a été lui aussi un soutien important, même s'il semble moins vigoureux... Mais les deux clés de voûte du système du « pôpô » sont le directeur du Budget, Yves-Fernand Manfoumbi, et le TPG (trésorier-payeur général) Sosthène Ossoungou Ndibangoye. Importante également est la procureure Sidonie Flore Ouwé. S'ajoutent à cette équipe quelques « hommes d'affaires » qui ont pour fonction de ramener de l'argent à partager entre Maixent et Ali. Parmi eux, Seydou Kane, un Malien patron de deux sociétés au Gabon, Vincent Miclet, affairiste français qui a commencé à bâtir sa fortune en Angola, et, jusqu'à une époque récente, Michel Tomi, tout-puissant patron des casinos et des jeux...

Fin juin 2014, excédé par les manipulations auxquelles se livraient ceux qu'on appelle à Libreville la « Garde émergente » ou la « Légion étrangère » lors du vote de la loi de finances rectificative, Guy Nzouba Ndama, président de l'Assemblée nationale, s'en est plaint lors d'un tête-à-tête avec Ali

Bongo[1]. Il lui a révélé l'ampleur des ponctions sur les fonds publics auxquelles se livraient les « jeunes émergents », détaillant les lignes budgétaires fictives destinées, in fine, à remplir leurs poches, insistant sur les « détournements massifs » qui n'échappent pas à la connaissance du peuple. Il lui a signalé les manigances d'Yves-Fernand Manfoumbi, directeur du Budget, pour mettre à la disposition de son ami le « pôpô » des moyens exorbitants…

Ce système de prédation des finances publiques, décrit par Guy Nzouba Ndama, est on ne peut plus sophistiqué. Les visiteurs du bureau du « dircab », au cinquième étage du palais du Bord de mer, peuvent appréhender concrètement comment se déroule ce pillage. Accrombessi dispose en effet d'un terminal informatique qui lui permet de gérer personnellement toutes les recettes et dépenses de l'État gabonais, notamment l'ensemble du budget d'investissement et les subventions publiques. Les ministères ne jouissent d'aucune liberté de manœuvre. Dans ce système, la pompe à fric la plus avide est greffée sur une ligne budgétaire de la présidence intitulée « Projets transversaux », gérée exclusivement par Accrombessi. Les détournements se font notamment par le biais d'investissements fictifs. La toute-puissance du « dircab » est telle qu'il peut convoquer le TPG afin qu'il lui amène séance tenante des milliards de francs CFA en liquide, qu'il pourra ensuite

---

1. *Échos du Nord* du 7 juillet 2014.

faire filer vers l'étranger. La traque internationale du blanchiment est devenue si intense que les pilotes du système politico-mafieux gabonais utiliseraient également la banque centrale comme « lessiveuse ».

Énième rumeur gabonaise ? Ce qui sévit dans ce petit émirat équatorial passe si bien l'imagination qu'il est impossible de l'écarter a priori... Hors des détournements d'argent public, la « Légion étrangère » utilise comme sources complémentaires les marchés de gré à gré dans tous les secteurs de l'économie.

Toujours préoccupés par leur « ennemie » Pascaline, Maixent Accrombessi et Ali Bongo cherchent à réduire son poids financier en procédant à des redressements fiscaux contre les sociétés dans lesquelles la famille Bongo, à travers elle, a des intérêts : la holding familiale Delta Synergie, la SCI Obali, entre autres structures, sont en effet officiellement actionnaires de nombreuses sociétés de la place, notamment BGFI Group, la Compagnie du Komo et surtout Total-Gabon, dont Pascaline est la vice-présidente. L'idée du chef de la « Légion étrangère » est de faire peur aux principaux actionnaires de ces sociétés qui financent l'« ennemie », de les inciter à prendre des mesures contre elle, et, au passage, d'alimenter les caisses de l'État et de tels ou tels *légionnaires*. Les dirigeants des firmes sont obligés de négocier avec lui s'ils ne veulent pas être mis en difficulté.

Le groupe Kabi a ainsi été obligé, on l'a vu, de négocier. Cent soixante milliards de francs CFA ont été demandés à la Comilog, filiale du groupe français Eramet. Total-Gabon s'est vu réclamer 805 millions de dollars en février 2014[1]. Total a aussitôt crié au scandale : « Total-Gabon considère ce redressement fiscal comme étant dénué de tout fondement et conteste ainsi fermement l'ensemble des chefs de redressement et les montants associés. » Au moment où sont écrites ces lignes, Total-Gabon, après maintes tractations, a fait une proposition à l'État gabonais qui devrait réduire notablement la facture.

Maixent Accrombessi doit néanmoins prendre certaines précautions pour protéger son système de prédation. Il est en effet dans le collimateur de la justice française dans l'instruction du dossier biens mal acquis. Il a fait également l'objet d'un signalement auprès de Tracfin. Son nom apparaît dans les enquêtes menées sur Michel Tomi. À Washington, des parlementaires ont demandé qu'une enquête soit diligentée à son sujet. Le *Wall Street Journal* du 25 février 2014 évoque par ailleurs une enquête des autorités américaines visant des transferts de fonds du Gabon vers les États-Unis, dans lesquels seraient impliqués Ali Bongo et Maixent Accrombessi... Ce dernier a donc besoin du concours de « petites mains », toutes devenues elles aussi richissimes. Citons quelques-unes d'entre elles.

---

1. *La Lettre du Continent*, n° 677, 26 février 2014.

D'abord, le Malien Seydou Kane, patron de deux sociétés au Gabon, Atong Abe Compagnie et SOTEC, évidemment très aidées ; il se charge notamment, pour le compte de Maixent, des transferts de fonds pour les gros investissements immobiliers et les placements dans des paradis offshore. Le Malien, qui dispose de deux passeports diplomatiques et d'une carte de séjour en France, fait également l'objet d'une enquête de la part des autorités américaines sur des investissements effectués aux États-Unis. En janvier 2013, il a fait l'objet d'une brève interpellation alors qu'il était en transit au Bourget pour se rendre à Miami ; il était porteur de 2,5 millions d'euros.

Le « dircab » d'Ali Bongo utilise également Vincent Miclet, un Français qui a fait fortune en Angola. Celui-ci est officiellement propriétaire d'un ou deux avions (un Bombardier Global Express et un Boeing 777) utilisés par Maixent Accrombessi. La rumeur – toujours – prétend qu'au moins l'un des deux pourrait en fait appartenir à l'assistant du Grand Maître.

À Philippe Belin, président du groupe Marck (matériels et uniformes militaires, bateaux...), mis en examen à la mi-juin 2014 dans le cadre de l'instruction visant Michel Tomi, il est reproché d'avoir été l'un des premiers à monter des systèmes de dérivation de commissions vers Accrombessi.

Michel Tomi a lui aussi beaucoup aidé Ali Bongo et son directeur de cabinet en mettant à leur disposition ses avions d'Afrijet, mais aussi en se montrant reconnaissant pour leur cécité à son endroit.

Sous le mandat de Nicolas Sarkozy, Maixent Accrombessi a bénéficié de la protection de Claude Guéant et Bernard Squarcini. Ceux-ci ont ainsi monté conjointement au Gabon, moyennant un appel d'offres discuté, le projet « Identité biométrique officielle » dont a bénéficié l'entreprise française Gemalto. Les enquêteurs français qui instruisent l'affaire des BMA ont, depuis la fin du quinquennat sarkozyen, remarqué la grande sollicitude d'Accrombessi à l'égard de Squarcini. Les cadeaux qu'il prodigue volontiers s'expliquent par une formule familière qu'il prononce souvent : « Je tiens les Français par les couilles. »

Les paravents utilisés par Accrombessi rendent difficile, voire impossible, une estimation de sa fortune. Une bonne partie a été acheminée en liquide au Bénin, à l'île Maurice, entre autres paradis fiscaux. Mais il aime la pierre, qui laisse des traces, en dépit des écrans dressés pour se dissimuler. Il avait ainsi acheté pour sa femme une somptueuse résidence en Virginie pour quelque 70 millions de dollars, qu'il a revendue pour un très luxueux appartement à Georgetown. Il s'y rend tous les mois à bord d'un Global Express appartenant à Vincent Miclet, si ce n'est à lui. À Paris, il possède des appartements rue Marbeau, boulevard Lannes et rue Lalo ; une maison en Bretagne ; des parkings ; il a des comptes à Singapour, au Crédit lyonnais et à la HSBC de Hong Kong ; des sociétés au Bénin et à Monaco...

Mais Maixent Accrombessi est pénétré d'un tel sentiment d'impunité qu'il ne se sert pas toujours de « petites mains » pour ses opérations, notamment pour le transport de caisses de billets de banque. Ainsi, le 13 novembre 2011, Ali Bongo étant en voyage officiel à Abu Dhabi, Accrombessi a utilisé un avion officiel pour se rendre à Cotonou. Intrigué par de si fréquents voyages, l'homme de la police des frontières en service ce jour-là a pris sur lui de fouiller l'avion sans en référer à ses supérieurs. Là, surprise : l'appareil ressemblait à la caverne d'Ali Baba ! Le « dircab » était escorté de trois « jeunes filles » complètement shootées. Les policiers trouvèrent à bord de la drogue et quelque 5 milliards de francs CFA. Prévenu, Ali Bongo intervint auprès du président béninois Boni Yayi. Intervention doublée de celle des services secrets du Maroc, d'où, dit-on, provenait la drogue. L'avion présidentiel serait certes parti de Libreville, mais aurait fait un détour par le royaume chérifien... Au bout de quelques heures, les communiqués des présidences béninoise et gabonaise remettaient tout d'aplomb : Maixent Accrombessi était venu à Cotonou en mission spéciale...

Une affaire du même type est advenue au printemps 2014, mais a été étouffée avant de transpirer dans les journaux.

PS : Maixent Accrombessi trouve que le titre de directeur de cabinet n'est pas à la hauteur de sa position de président-bis. Lors d'un prochain remaniement, Ali Bongo pourrait le nommer ministre chargé des affaires présidentielles[1].

---

1. In *Lettre du Continent*, n° 666 du 24 septembre 2014.

15.

La destruction symbolique
de tout lien avec ce qui est censé
être sa propre histoire

Au soir du 27 octobre 2013, les derniers murs des huit étages de l'hôpital Jeanne-Ebori s'écroulaient avec fracas, anéantissant un pan de paysage familier au pied du quartier Louis devant lequel Gabonais et visiteurs étrangers passaient depuis 1985 quand, à partir du centre-ville ou du palais présidentiel, ils rejoignaient l'aéroport par le bord de mer.

Cette « rectification » architecturale a été perçue par la majorité des habitants comme une rupture symbolique. Rupture d'Ali Bongo avec le Gabon, avec son histoire, avec sa famille, avec son père... Jeanne Ebori était censée être sa grand-mère ayant vécu toute sa vie dans le Haut-Ogooué, en pays téké. Son père, Omar Bongo, avait attaché beaucoup d'importance à cette construction dédiée à sa propre génitrice. Durant plus d'un quart de siècle, de nombreux Gabonais sont nés dans cet hôpital, et beaucoup ont eu la vie sauve grâce aux soins médicaux dispensés dans cette unité, naguère fleuron de la médecine locale. Dans une lettre ouverte, les architectes gabonais ont exprimé leur déception et leur mécontentement face à la décision du gouvernement de faire disparaître cet édifice chargé d'histoire. « Moi, ainsi que tous mes frères, sommes nés à Jeanne-Ebori, au même titre que bon nombre de Gabonais. Qu'allons-nous laisser à nos enfants ? D'où vient cette manie de détruire tous les bâtiments qui font l'histoire de notre pays ? » regrette Gérard Amoughe, architecte gabonais[1]. Parmi les badauds qui assistaient au dernier dynamitage, une vieille dame, habitante du quartier, en larmes : « Ç'a été le jour le plus long pour Jeanne-Ebori. Mais pourquoi l'a-t-on donc détruite ? Ali ne sait-il pas qu'on gouverne aussi avec des symboles ? Pitié[2]... »

Cette destruction n'a pas été un acte isolé décidé par Ali Bongo. Ce qui fait dire au Front de l'opposition : « Les Gabonais ne sont pas amnésiques et l'histoire est irréversible. La tendance du pouvoir à faire violence à l'histoire lui laisse croire qu'il peut tout se permettre. Mais nul ne peut tordre

---

1. In « Polémique autour de la destruction de l'hôpital Jeanne-Ebori », publié le 23 septembre 2013 dans *Gabmédo*.
2. In Gabon-review.com, le 28 octobre 2013.

le cou à l'histoire, et celle du Gabon s'écrit et s'écrira en dépit de la volonté d'en effacer toute trace, comme l'attestent les opérations de destruction qui ont culminé d'abord avec la démolition inexplicable de la fondation Jeanne-Ebori, ensuite celle du Palais international des conférences de la Cité de la démocratie et de ses vestiges emplis d'histoire. »

Les journaux d'opposition ont repris cette antienne à l'occasion du dépôt de gerbe du président gabonais le 17 août 2014, jour de la fête nationale, au mausolée de Léon M'Ba, premier président de la République gabonaise. Ainsi, dans *Échos du Nord*[1], Prince Villa écrit-il : « Il est révoltant de savoir que la dernière demeure du vrai père de la nation ne reçoive qu'un semblant d'embellie et une présence humaine que pendant les festivités liées au 17 août, date de l'indépendance du Gabon. Un geste moqueur qu'Ali Bongo a accompli, samedi, avec mépris, en présence des membres du gouvernement et des membres de la famille du feu président de la République. En l'accomplissant ainsi et dans cet état, c'est la mémoire de cet illustre fils du pays qui est sérieusement écornée. Une attitude qui relève, à n'en plus douter, d'une volonté manifeste du pouvoir établi de nuire, jusqu'en leur demeure, aux vrais acteurs et dépositaires de l'histoire de notre pays. »

1. N° 246, du mardi 19 août 2014.

Et de reprendre le leitmotiv de nombreux Gabonais sur le rapport au Gabon et à son histoire du président en exercice : « Depuis son installation à la tête du Gabon en 2009, Sa Petite Majesté s'est lancée dans une vaste opération de destruction massive des monuments légués à l'humanité par ses prédécesseurs Léon M'Ba et Omar Bongo Ondimba. Avec la démolition du stade omnisports Omar-Bongo, de la Cité de la démocratie, de la fondation Jeanne-Ebori, entre bien d'autres édifices publics, c'est une partie majeure de l'histoire du Gabon qui est effacée. Une façon à lui d'écrire l'histoire du pays. À cela s'est ajouté le "Mémorial Léon M'Ba". Jadis lieu touristique, culturel et historique, le Mémorial dédié au père de l'indépendance ne le reste que de nom. Il est fermé au public depuis plus de trois ans... »

Cet étrange rapport d'Ali avec l'histoire de son pays reflète celui qu'il entretient avec les Gabonais, et sa méfiance à leur endroit. À un ancien confident, n'avait-il pas dit qu'il se sentait étranger à ce pays, qu'il en voulait aux Gabonais de leur façon de le traiter, ajoutant même, avant qu'il ne devienne président : « Ils vont payer ! »

Tout un chacun peut remarquer qu'il s'est toujours entouré d'étrangers : Éric Chesnel, son précepteur français, aujourd'hui encore conseiller à la présidence ; Charles Bobbit, son conseiller américain pour le funk ; Park Sangchul, plus connu sous le surnom de « Monsieur Park », champion sud-coréen de taekwondo, qui dirige sa sécurité personnelle ; sans oublier les deux plus importants : Liban Soleman, chef de cabinet gabono-somalien, et Maixent Accrombessi, tout-puissant directeur de cabinet, d'origine béninoise, sans qui rien ne se fait au Gabon. Pour visualiser ce Gabon dit « émergent » mais cosmopolite, il n'est que de considérer la photo officielle, où l'on voit, derrière son bureau, le président, né au Nigeria, avec, derrière lui, le Coréen Monsieur Park, et, devant lui, à gauche, le Béninois Maixent Accrombessi, tout nouvellement gabonisé, et, à sa droite, le Gabono-Somalien Liban Soleman,...

Rupture également avec sa pléthorique fratrie : il a « dégagé » vite fait ses demi-frères et demi-sœurs, et veille soigneusement à les dégommer de postes jugés trop stratégiques[1]. Si Ali reste proche d'une des branches qui comprend Frédéric, Alex, Albert-Fabrice et Arthur, il a en revanche marginalisé l'ex-toute-puissante Pascaline, qui, depuis la fin des années 1990, était sa principale collaboratrice. La rumeur gabonaise affirme qu'elle ne peut voir librement son frère et qu'elle est même obligée de passer par Maixent Accrombessi pour accéder à lui. Marginalisés aussi, Christian, Jeff, Anicet Adnan. Plus ou moins discrètes, les frustrations familiales s'expriment dans les cercles initiés.

---

1. *La Lettre du Continent* du 21 avril 2011 : « Le plan d'Ali pour capter l'héritage d'Omar ».

Rupture également avec presque tous les anciens « barons » du régime, notamment ceux du Haut-Ogooué. Si bien que, lors de la constitution du Front de l'opposition pour l'alternance, le 19 juillet 2014, on pouvait voir sur la photo deux anciens Premiers ministres d'Omar Bongo, Jean Ping, qui fut son gendre, Zacharie Myboto, plusieurs fois ministre, dont la fille a eu deux enfants d'Omar Bongo, et Jacques Adiahenot, longtemps patron du PDG, le parti de Bongo, entre autres personnages ligués pour délivrer le Gabon de l'« imposteur » Ali Bongo Ondimba...

16.

Cécilia et Richard :
le « développement
par les mondanités[1] »

Par sa seule venue à Tripoli, Cécilia Sarkozy avait fait augmenter brutalement le coût de la libération des infirmières bulgares, mais s'était offert un beau coup de pub. Elle a continué dans l'« humanitaire », cette fois derrière un homme de pub qui a jeté son dévolu sur le Gabon. À elle, donc, d'attirer l'attention sur l'hôpital Albert-Schweitzer, après qu'elle eut tenté de faire croire[2], en juin 2012, qu'avec Sylvia, l'épouse d'Ali, elle allait contribuer à « l'amélioration des conditions de vie des

---

1. In *Huffington Post.*
2. La Cécilia Attias Foundation for Women a organisé en juin 2012 à Libreville, en association avec Sylvia Bongo Ondimba, première dame du Gabon, un forum international, « *Dialogue for Action Africa* ».

Africaines en termes de sécurité, de santé et de productivité », avec pour ambition d'élaborer un « plan d'action pour l'Afrique, de libérer la richesse du potentiel des femmes africaines, assurant un bel avenir à la prochaine génération ».

Cinéma ? Le 2 janvier 2013, elle visite à Lambaréné le fameux hôpital du docteur Schweitzer et annonce que sa fondation va contribuer à la rénovation du musée, sans répondre pour autant à la presse qui l'interroge sur le montant de sa contribution. Son nom sera à tout le moins accolé à ceux des neuf contributeurs prestigieux de la Fondation internationale de l'hôpital du Dr Albert Schweitzer, organisme privé créé en 1974 pour « poursuivre l'œuvre médicale du Dr Albert Schweitzer, comme l'expression de son message universel au service des hommes, sans aucune distinction de race, de religion ou de situation sociale ».

Cette visite s'inscrivait dans le cadre de la préparation du grand raout célébrant en juillet 2013 le centenaire de l'arrivée du légendaire docteur à Lambaréné. Ce coup de pub cosigné Ali Bongo et Attias & Co révèle une absence de culture évidente. Les vieux Gabonais n'ont pas oublié que le docteur fermait sa porte aux Gabonais, même quand, après l'indépendance, ils occupaient un poste ministériel. Seul Léon M'Ba avait eu droit à l'insigne honneur de mettre les pieds jusque dans sa salle à manger. Sur la Toile, quelques sites ont eu la bonne idée de rappeler « le côté sombre d'un mythe[1] », et un Gabonais[2] a jugé utile de citer à cette occasion quelques déclarations du Prix Nobel de la paix sur « ces indigènes magnifiquement paresseux », sur « l'indolence des primitifs », sur « ces Noirs qui montaient encore sur les palmiers pour cueillir les noix de coco. Maintenant, on leur apprend à lire et à écrire. Vous n'en trouverez plus un seul qui acceptera de grimper à un arbre. »

Après avoir moi-même passé quelques heures avec le « bon docteur » en octobre 1964, je n'avais plus du tout de lui l'idée saint-sulpicienne qui était la mienne en arrivant. Je me rappelle que, installé dans un fauteuil pour parcourir une biographie à lui consacrée, il s'était tourné vers la fenêtre pour regarder des enfants noirs jouer au ballon : « Je les aime bien, mais ils resteront toujours des enfants. »

Qu'importe : Ali donne l'impression de ne pas du tout s'intéresser à l'histoire du pays, aux courants qui le traversent, aux aspirations profondes du peuple gabonais, et d'avoir pour seule bible, afin de diriger le pays et de le développer, un livre d'or constellé de prestigieuses signatures. « Pour Ali, le Gabon est une réserve d'indigènes qu'il montre à ses "amis" blancs éblouis », me confie un Gabonais qui le connaît depuis longtemps, et qui poursuit : « Il est fou de mondanités. »

---

1. In Gabonreview.com.
2. In Dworaczek-bendome.org.

Ali a vu en Sylvia Valentin, sa dernière femme, un moyen d'accéder à ce monde qui le fascine et qui l'attire. Il aime être aperçu et filmé en compagnie des grands de ce monde. Lui, le musulman, fonce au Vatican pour assister, le 27 avril 2014, avec Sylvia, à la canonisation des papes Jean XXIII et Jean-Paul II aux côtés d'une brochette de chefs d'État et de gouvernement. Il était déjà allé, en mars 2013, à la messe inaugurale du pape François à Saint-Pierre de Rome. Rien ne le séduit autant que d'être salué par une reine, un roi, ou encore de fréquenter des gens comme Richard et Cécilia, qui approchent les *happy few* de la planète. Intime du roi du Maroc, il a dépensé beaucoup d'énergie pour essayer de transformer le Gabon en monarchie héréditaire et devenir souverain lui-même.

C'est dans ce contexte – mais pas seulement – qu'il faut inscrire l'achat délirant à la famille Pozzo di Borgo, pour quelque 100 millions d'euros (sans compter les travaux !), de l'hôtel de Maisons, 51, rue de l'Université, construit au début du XVIIIᵉ et qui a vu défiler tant de « beau monde » depuis plus de trois siècles[1]. Cette fascination pour le Gotha est si marquée qu'il voudrait partager la

---

1. Maixent Accrombessi est le gérant de la SCI qui est devenue propriétaire de cet hôtel, acheté officiellement pour le compte de l'ambassade du Gabon à Paris. Depuis, il n'est plus question d'un tel usage. Une cinquantaine de millions d'euros de travaux y auraient été effectués. La rumeur

façon d'« être au monde » des têtes couronnées. Le nec plus ultra ne serait-il pas d'avoir un major-dome, si possible écossais ? N'a-t-il pas contacté, au printemps dernier, le cabinet Ellis Mack pour lui trouver un tel valet de chambre[1], gratifié d'un salaire annuel exonéré d'impôts de 32,6 millions de francs CFA (près de 50 000 euros), tous frais payés, avec, entre autres avantages, une voiture, une femme de ménage et un appartement à disposition. Son principal travail serait de servir le président et sa femme dans leur luxueuse résidence londonienne, à Mayfair, achetée en 2010 pour 69,4 milliards de francs CFA (environ 105 millions d'euros).

Le couple Attias a été recruté par Ali Bongo comme élément moteur du développement gabonais. Les grands communicants lui ont vendu la « transformation » du pays, annonçant des retombées économiques mirifiques grâce aux grands investisseurs du monde entier qui connaîtront le Gabon via le New York Forum of Africa (NYFA). Pour quel tarif ? Malgré la volonté de transparence annoncée, les Attias n'ont pas souhaité révéler le coût de ce Davos africain. Pour les trois premiers forums, le chiffre de 20 milliards de francs CFA (environ 30 millions d'euros) semble crédible.

---

gabonaise laisse entendre qu'une partie de ces fonds a servi à y aménager un temple maçonnique.

1. *The Scottish Sun* du 14 mai 2014.

Le NYFA est en réalité une grosse et coûteuse opération de relations publiques destinée à redorer le blason d'Ali Bongo. Qu'est-ce qui pouvait le plus tenter le président du Gabon, sinon faire venir jusque chez lui des sommités du monde entier ? Sommités qui débordent largement les seules sphères économique et politique. « Richard Cœur de millions », comme l'a baptisé *L'Express*, a en effet fait venir Robert De Niro, Usain Bolt, Boris Becker, Garry Kasparov, Youssou N'Dour, mais aussi Nicolas Hulot, Jacques Attali et l'indéboulonnable Christine Ockrent, aux côtés de nombreux chefs d'État africains, d'anciens présidents d'Amérique du Sud, mais aussi d'Ivor Ichikowitz, le marchand d'armes sud-africain, ainsi que de patrons de multinationales et de fonds d'investissement...

Apothéose : pour le troisième NYFA, qui s'est tenu fin mai 2014, Ali et Richard ont décroché deux belles « timbales » : Laurent Fabius y a côtoyé Paul Kagame, le dictateur sanguinaire du Rwanda qui enchaîne les dénonciations contre la France, « complice de génocide ». Ali Bongo peut ainsi se vanter d'avoir réuni les deux hommes politiques quelques semaines avant que Kagame, à Kigali, ne fasse démolir à la pelleteuse le centre culturel français dépendant du Quai d'Orsay...

Il suffit de lire et d'écouter les médias non gouvernementaux pour comprendre que le NYFA est loin de faire l'unanimité. Des mouvements de la société civile regroupés au sein du Front des indignés ont organisé, avant même le premier NYFA, un contre-forum. Déjà, le 9 juin 2012, mon ami Jean-Marc Ekoh, qui n'a rien perdu de son mordant des années 1960, s'adressa à la presse en ces termes : « Pour qu'il y ait partenariat – puisque nous cherchons des partenaires à l'étranger –, il faut être au moins deux... Nous avons entendu parler de l'arrivée de 300 financiers qui nous proposent des milliards, mais ils vont rencontrer qui ?... Les partenaires d'une telle entreprise devraient être les propriétaires du sol, c'est-à-dire nos villages et leur population. » Et de parler des effets ravageurs d'une industrialisation qui n'est en rien conçue pour satisfaire leurs besoins. Il prend en exemple sa province du Woleu-Ntem, qui, jusqu'en 1964, produisait 5 000 tonnes de cacao ; c'est dire qu'il y avait encore des paysans, des cultivateurs, des producteurs ! « Or, dans cette province, on a créé des plantations d'hévéas pour prolétariser une population qui était maîtresse de son sol et de sa production... La conséquence de tout cela, c'est que nous ne mangeons plus que camerounais. S'il n'y avait pas le Cameroun, dites-moi où nous trouverions un bâton de manioc ? Moi qui suis du Woleu-Ntem, je vous pose la question ! »

Il situe le forum du NYFA dans le cadre des « conférences internationales organisées pour piller le monde [...]. Il est honteux que le Gabon, deuxième colonie française en Afrique après le Sénégal, et le pays potentiellement le plus riche d'Afrique, se retrouve avec 92 % de pauvres, de misérables. Je suis arrivé à Libreville à dix-huit ans, je n'ai jamais vu autant de vols, de mendiants, je n'ai jamais vu autant de misère !... On ne mange pas et on nous parle de développement !... Il n'y a pas de routes au Gabon, on ne mange pas au Gabon, nos enfants ne peuvent pas étudier... On n'a même pas le droit de pleurer ! »

Le Front des indignés a continué chaque année à réagir. En 2014, il s'est adressé au monde entier en envoyant une lettre ouverte à Laurent Fabius après l'annonce de sa venue à Libreville. Cette missive mérite d'être lue, au moins en partie :

« Nous venons dénoncer votre participation à cette mascarade qui consacre le déni, par les hautes autorités françaises, de l'aspiration légitime du peuple gabonais à rêver d'une vie meilleure. Car c'est avec des fonds publics que M. Richard Attias invite des centaines de personnes au Gabon, depuis trois ans, pour tenter de redorer l'image d'un dictateur et de son régime prédateur. Nous savons que la famille Bongo entretient depuis des décennies d'étroites relations occultes avec des personnalités françaises dont elle finance les campagnes électorales avec l'argent du contribuable gabonais, alors que la très grande majorité du peuple croupit dans la misère [...]. Dans votre entretien au journal *Le Monde* du 29 mai 2012, vous affirmiez, entre autres, que le gouvernement français "croit à des principes comme le respect des droits de l'homme, la démocratie, le développement durable, l'internationalisme, la recherche de la paix"... » Et les Indignés de rappeler « l'engagement du président François Hollande, lors de la campagne présidentielle française, de se démarquer de la Françafrique en se faisant le héraut de l'État exemplaire [...]. Si, malgré notre lettre, vous venez au Gabon, nous aimerions que vous ayez le courage de demander à Ali Bongo de vous accompagner dans les structures hospitalières de Libreville pour vivre en direct l'agonie des malades en manque du strict minimum pour se soigner, et même d'eau ! Les effets d'annonce et autres slogans du style "prise en charge des urgences" ne changent rien à la réalité quotidienne. Les sommes englouties par Ali Bongo dans ce show, avec son communicant Richard Attias, depuis trois ans, auraient suffi à venir à bout de ce crime volontairement commis contre tout un peuple dont le malheur est d'avoir à sa tête, depuis cinq décennies, une famille de prédateurs... »

Une brève revue de presse permet de compléter les arguments développés dans cette lettre par les Indignés :

En une de *L'Aube* du 26 mai : « NYFA/ABUS DE FAIBLESSE D'UN CHEF D'ÉTAT. *Des milliards à Attias, la précarité aux Gabonais !* » Et de citer aussi le chiffre de 20 milliards de francs CFA dépensés en trois ans « sans réellement impacter positivement sur le quotidien des Gabonais ». En page 2, un édito intitulé « Attias, Attiasisme, Attiasmania », et, à côté, un encart : « Richard Attias, négrier moderne ». J'en livre l'essentiel :

« Richard Attias est un communicant surdoué, capable de persuader un Eskimo de lui acheter un congélateur. C'est le prototype du capitaliste dépourvu de scrupules, prêt à tout pour parvenir à ses fins. Nicolas Sarkozy, qui l'avait introduit dans son cercle pour l'organisation du meeting de son intronisation à l'UMP, compte parmi les victimes prestigieuses de ce pirate des temps modernes [...]. La modernité de Richard Attias dans ses manœuvres tient à ce qu'il sait mettre à profit les nouvelles technologies (publicité, informatique, etc.) et la solidarité de son réseau mondial de "requins" pour "arnaquer" sa victime tout en lui donnant le sentiment de sa propre importance. Avec Ali Bongo Ondimba, ses espérances les plus folles, inimaginables même dans ses simulations les plus optimistes, ont été exaucées à la perfection. »

Quant à *La Loupe*, qui se définit comme un journal d'investigation et d'informations générales, elle consacre un papier, le 27 mai, à la *Ripoublique (sic)* des forums : « Richard Attias et l'armada des pilleurs du Gabon peuvent-ils s'imaginer perdre une source intarissable de revenus tant que le BOA (Bongo Ondimba Ali) est au pouvoir ? » Et, un peu plus loin : « Il est aisé de comprendre pourquoi les "gueux" n'étaient pas les invités du monde merveilleux d'Ali et d'Attias-Merlin l'enchanteur ! »

La Loupe propose également une page entière intitulée « Quand les Indignés font disjoncter le système Attias ». Un certain nombre de photos sur les réalités gabonaises illustrent l'article. On y voit des égouts qui débordent, des routes défoncées, l'alimentation frelatée des Gabonais, clichés assortis de commentaires comme : « Attias est-il venu voir les souffrances des Gabonais... qui vivent comme des chiens ? »

Les *Échos du Nord*, meilleur journal d'opposition, assortit un article intitulé « Des retombées invisibles » d'une illustration dans laquelle le « Forum du NYFA » est remplacé par « Farine », avec, autour de la photo du couple Attias, deux commentaires : « Quand le couple Attias roule les Africains dans la Farine » et « Attias, dégage !!! » L'article explique que lors de la conférence de presse de présentation du troisième NYFA, le « communicant » avait été obligé de reconnaître qu'il n'y avait eu, jusque-là, que des retombées marginales sur l'économie gabonaise : « Tout est resté au stade de simples effets d'annonce. Richard Attias n'avait dès lors d'autre choix que de reconnaître devant des confrères dociles et polis que son "machin" n'était rien d'autre qu'un regroupement de stars du monde entier en quête de soleil et de farniente, à la sortie de l'hiver pour certains. »

Rien d'étonnant à ce que Richard Attias, au dernier jour du troisième NYFA, s'en soit pris brutalement à RFI et aux journalistes africains. Pour lui, 50 % de l'info venant d'Afrique est truquée. Et d'assener qu'il n'y avait pas assez de journalistes d'investigation en Afrique. Mais, s'il y en avait davantage, on peut penser qu'ils n'en dénonceraient que plus les Attias.

La lecture de la presse gabonaise prouve qu'elle est au contraire très bien informée sur le rôle du NYFA. La lecture de la presse française ne le dément pas : *Le Nouvel Observateur* a même publié une longue enquête de Caroline Michel et Marie Guichoux[1] intitulée « Cécilia et Richard Attias : le business chic qui fâche en Afrique ».

Par un merveilleux lapsus, voire une incroyable ignorance, Ali Bongo a appelé Jean de La Fontaine à sa rescousse pour résumer en un adage sa volonté de développer le Gabon. Lors de la conférence de presse qu'il a donnée à l'occasion de la fête nationale du 17 août 2014, il a interpellé les Gabonais en ces termes : « Nous avons tous été à l'école et nous avons tous appris les fables de La Fontaine. Aujourd'hui, nous devons être des cigales et non des fourmis !... »

---

1. Le 20 mai 2014.

EN GUISE D'ÉPILOGUE

La véritable identité d'Ali Bongo et les pillages imputés à Maixent Accrombessi, chef de la « Légion étrangère », vont être, en 2016, au cœur de la future campagne présidentielle. Celle-ci est d'ailleurs déjà lancée. Jean Ping, ex-tout-puissant patron de la Commission de l'Union africaine, mais aussi ancien beau-frère[1] d'Ali Bongo, s'est déjà déclaré candidat et a brutalement affirmé : « Je suis né au Gabon. Je ne suis pas né au Congo ni ailleurs... » Phrase retenue en une, le 28 avril 2014, par les *Échos du Nord*[2]. Depuis lors, le 19 juillet 2014, le Front d'opposition a repris cette attaque dans son programme :

« Né en 1959 à Brazzaville, à l'époque capitale d'un territoire de l'Afrique-Équatoriale française,

---

1. Il a eu deux enfants avec Pascaline Bongo.
2. Voir en annexe, p. 248-249.

Monsieur Ali Bongo Ondimba a produit en 2009 un extrait d'acte de naissance avec la mention *"République gabonaise"* alors que le Gabon n'était pas encore une république, mais bien un territoire de l'AEF. C'est pourquoi nous sommes fondés à porter l'affaire de cet extrait en justice pour ne pas avoir sur notre conscience un forfait aussi grave.

« Le Gabon étant un État de droit, nous allons donc saisir les juridictions compétentes afin que la justice fasse la lumière sur ce document produit par Monsieur Ali Bongo Ondimba ; car il ne saurait être question que la CENAP[1] prononce une fois de plus la validité d'un tel extrait d'acte de naissance, dans l'hypothèse où l'intéressé serait à nouveau candidat à la présidence de la République. »

Pour ce qui est du pillage du pays, le Front a également dégainé et tiré : « Au centre de cette situation économique, sociale et culturelle catastrophique se trouve une entreprise de prédation des ressources financières de l'État, savamment orchestrée au cœur du pouvoir. Ce pouvoir pille le Gabon, depuis son accession aux affaires en 2009, comme jamais auparavant. Régulièrement, d'importantes sommes d'argent – comme dans l'affaire de l'avion présidentiel gabonais immobilisé au Bénin en novembre 2011[2] – sortent du Trésor public à des fins personnelles. Dans le même temps, les

1. Commission électorale nationale autonome et permanente.
2. Voir *supra*, p. 212.

directions générales du Trésor, du Budget et du Contrôle financier ont été placées entre les mains d'agents sous le contrôle direct d'un homme d'abord chef de cabinet, puis devenu directeur de cabinet du chef de l'État, figure de proue de la *Légion étrangère*. Les finances du Gabon sont désormais directement placées sous la coupe de la présidence de la République, donc de cette *Légion étrangère*. Le gouvernement et le Parlement assistent, impuissants, à cette entreprise de pillage des finances publiques. »

Depuis, la tension monte de jour en jour entre Ali Bongo et Jean Ping. Sur France 24, le 28 juillet 2014, Ping déclare : « Nous sommes gouvernés par un autocrate entouré par ce que nous appelons la Légion étrangère, dirigée par Accrombessi. Un groupe de gens pratiquement apatrides et mafieux qui contrôlent effectivement notre pays. »

Après qu'il a épilogué sur la situation du Gabon, chaotique, voire insurrectionnelle, le journaliste qui l'interroge lui demande si l'élection de 2016 sera transparente.

« L'élection, dans la conception qu'en a le pouvoir, ne peut pas être transparente. Tout est mis en œuvre pour qu'elle ne le soit pas : une justice aux ordres, des institutions qui travaillent pour le monarque... Tout ce qui est là, qu'il s'agisse de la Cour constitutionnelle, qu'il s'agisse de la CENAP, qu'il s'agisse du ministère de l'Intérieur, tout est fait pour qu'un homme, même s'il n'obtient que 5 % de voix, soit proclamé vainqueur.

– Donc, vous ne pouvez pas gagner, dans ce cas-là ?

– Nous allons nous opposer à ce cas. Nous allons nous y opposer par tous les moyens !

– Tous les moyens, c'est quoi ?

– Tous les moyens ! »

Ali Bongo réplique le 17 août, jour de la fête nationale. Après des attaques *ad hominem* du genre « Les propos que Jean Ping a tenus sur France 24, certainement lui auraient ouvert, alors là, tout de suite, les portes du Front national... », il le traite de xénophobe et annonce qu'il va porter plainte contre Ping au motif qu'il aurait appelé les Gabonais au soulèvement et au renversement des institutions.

À son tour, Jean Ping réplique dans les *Échos du Nord* aux accusations du président dénonçant sa prétendue xénophobie.

« Moi, je n'ai de haine contre personne, pas même contre monsieur Ali Bongo, encore moins contre sa *Légion étrangère*, dont Maixent Accrombessi, que je ne connais d'ailleurs que de nom, donc pas en tant que tel. Je sais juste que cet homme est béninois de nationalité, sans le moindre doute, qu'il occupe de hautes fonctions dans notre pays, au cœur même de l'appareil d'État, et qu'il n'est devenu gabonais que récemment, parce qu'on voulait faire de lui un directeur de cabinet. Les Gabonais estiment que cette situation humiliante n'est pas normale, vous en conviendrez. Je n'ai absolument rien contre les non-Gabonais. Je souligne simplement les risques encourus par notre pays devant la confiscation, la monopolisation du pouvoir par ceux que la déclaration des membres de l'opposition [le Front] a qualifiés d'apatrides mafieux, qui se répandent partout, se vantant de diriger notre pays, d'y détenir le pouvoir de décision en lieu et place des Gabonais [...]. Je n'ai rien contre les non-Gabonais. Au contraire, nous avons besoin de la force, de l'intelligence, de la compétence et du talent de quiconque veut contribuer au développement de notre pays. Cela dit, il est juste de préciser que chacun doit être à sa place. Il n'est pas normal qu'un non-Gabonais occupe de hautes fonctions à caractère hautement stratégique au cœur de l'appareil d'État. Ce problème est simple à expliquer, simple à comprendre. Inutile de me faire passer pour celui que je ne suis pas ! »

La campagne présidentielle est donc déjà ouverte. Elle s'annonce rude. La situation chaotique du pays risque-t-elle de devenir insurrectionnelle ? La prochaine élection sera-t-elle truquée, comme c'est la coutume au Gabon ? Quelle sera alors la position de la France, qui demeure une pièce maîtresse dans le jeu gabonais ?

ANNEXES

La famille d'Albert-Bernard Bongo en 1970, avec, aux pieds de Joséphine, Alain Bongo, arrivé environ deux ans plus tôt à Libreville.

Mariage de Martin, le fils de Jean-Pierre Lemboumba, avec Claudia Sassou, la fille du président du Congo, en août 2002, à Libreville. De gauche à droite, Mme Lemboumba, Jean-Pierre Lemboumba, Omar Bongo, Édith Bongo, Martin Lemboumba, Claudia Sassou, Denis Sassou-Nguesso et Antoinette Sassou.

(Panthéon - Sorbonne)

LE TRANSGABONAIS

Thèse pour le doctorat de
l'Université de PARIS-I
présentée et soutenue
le 6 juillet 1985
par

Ali   BONGO

JURY :
président : M. le professeur Jacques SOPPELSA
Président de l'université de PARIS-I

suffragants: M. le professeur Thiébault FLORY
de l'université de LILLE-II

M. le professeur Jean GICQUEL
de l'université de PARIS-I

ECHOS DU NORD

Hebdomadaire Gabonais d'informations paraissant le Lundi. 6eme année

"Change. Believe"
Barack Obama

N°90 du Lundi 30 Mai 2011. Prix : 500 FCFA

Plainte contre X
D'où vient Ali Bongo?

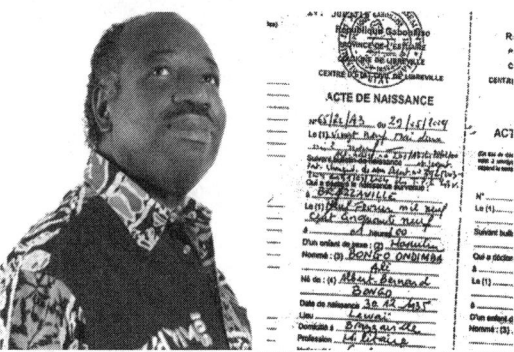

On est jamais mieux sécurisé que par soi-même ?

Ali Bongo Ondimba n'a-t-il pas confiance en Alassane Ouattara ? En tout cas pour se rendre à Yamoussokro à l'investiture de son homologue ivoirien, le président de la République a préféré emmener avec lui sa propre logistique. Ainsi, du 19 au 22 mai 2011, selon la Lettre du Continent n°612, du 26 mai 2011, les forces françaises au Gabon ont transporté une Mercedes 600 S et une Toyota 4X4 V8 blindées, ainsi que 4 véhicules de la garde républicaine, à Yamoussokro. Ce transport, qui été supervisé personnellement par, l'ambassadeur de France au Gabon Monsieur Jean François Desmazière, et le commandant des forces françaises au Gabon Bernard Commis, a nécessité la mobilisation d'un Transal C-160 de l'armée française.

Ali Bongo Ondimba avait-il plus à craindre pour sa sécurité en Côte d'Ivoire que le président de la République française, Nicolas Sarkozy, qui lui, s'est plié au protocole officiel, en empruntant les véhicules mis à sa disposition par le comité d'organisation ? Pourtant si quelqu'un était plus exposé, c'était bien Sarkozy. Du fait qu'une partie des Ivoiriens pense que l'armée française a joué un rôle dans la neutralisation de Laurent Gbagbo. Et ceux-ci ne seraient pas prêts à lui donner son absolution.

Ali Bongo Ondimba voulait-il démontrer au monde entier qu'il est un président à part ? Après tout, Barack Obama traine partout sa « Chrysler ». Pourquoi pas lui ? A moins qu'il s'agisse d'un énième caprice de « star », après la visite des chantiers en « Ferrari ». Sauf qu'à l'allure où Ali Bongo consomme les gadgets de luxe, on n'est pas sûr que le Trésor gabonais suivra.

Impôts :
Direction des grandes entreprises certifiée ISO 9001, dans quel intérêt ?

La certification de la Direction des Grandes Entreprises (DGE), une des nombreuses directions de la Direction Générale des Impôts ne cessera pas de susciter des questionnements. Tant il n'y a qu'au Gabon qu'un directeur des services, fût-il gestionnaire d'un portefeuille important, peut ainsi prendre des libertés. C'est ce qui a été fait lorsque ladite direction s'est engagée dans la voix de la certification. Ceci, sans trop savoir quelles exigences des partenaires lui auraient présenté en terme de qualité de service pour prétendre ensuite rechercher une certification. Malheureusement ce haut fait d'œuvre n'a lui aurait pas survécu. Puisque le maître d'œuvre a été appelé à d'autres fonctions. Dans tous les cas, cette situation devrait amener le Président de la République, qui prône la transparence et la probité, à revoir, malgré son pouvoir discrétionnaire, le profil et les états de service des personnes qu'il nomme à ses

côtés. Ont-ils bien géré ? ou alors ont-ils dilapidé les deniers publics? Car, à ce qu'il semble, tout n'a pas été rose à la DGE, où le fonctionnement a frisé parfois une sorte d'autarcie (cas de ladite certification) ; à tel point qu'aujourd'hui, nombreux sont ceux qui pensent que la DGE était une entité autonome. Alors qu'elle n'était qu'une des directions des Impôts. Ce type de fonctionnement, à la longue, ne peut ne pas avoir suscité de nombreuses questions. A savoir, dans quel contexte a été menée l'opération de certification de ce service de la DGI et pourquoi ? Combien « ce caprice » a coûté aux contribuables ? Ce processus était-il opportun ? Pourquoi et comment cette direction de la DGI a-t-elle été créée ? Qui a piloté le juteux dossier de construction du bâtiment de cette direction et des centres des impôts ? Autant de questions d'intérêt pour le contribuable. A lire dans les prochaines semaine.

Conseil des ministres de Koulamoutou :

Nzouba exclut les non «émergents», et réduit le président en «fêtard» !

Lire P.2

42 mariages "électoraux" célébrés à Bitam

L'affaire fait grand bruit dans le district de Bikodome où, en un seul week-end, le député PDG y parrainé 42 mariages dans sa circonscription électorale. Que pourrait bien cacher cette manœuvre de l'honorable Francis Ntolo Eya'a ? Analyse.

Insolite. Bikondome, l'un des deux districts que compte le département du Ntem est réputé frondeur. Située entre le Haut-Ntem et le Ntem à quelques encablures de Minvoul, la circonscription dont les populations appartiennent en majorité au groupe Mveigne, est d'abord le prolongement de Minvoul, connue pour son encrage dans l'opposition radicale au lendemain de la

suite P.8

Acte d'adjonction de nom ou de changement de nom?

Suivant acte 201/A3 du 29/02/00 portant changement de nom d'enfant n°392 M-3-204 du 31/03/2004 du Tribunal de première instance de LBV

Enfant de sexe masculin nommé Bongo Ondimba Ali

Né de Albert Bernard Bongo Date et lieu de naissance: 31/12/1935 à Lewaï

Profession : Militaire

Nom de la Mère: Kama Joséphine

Date et lieu de naissance: 22/01/1945 à Brazzaville

Acte remis à Avouma J. Bernard ce 29/05/09

Signataire: Serge William Akassaga Okinda

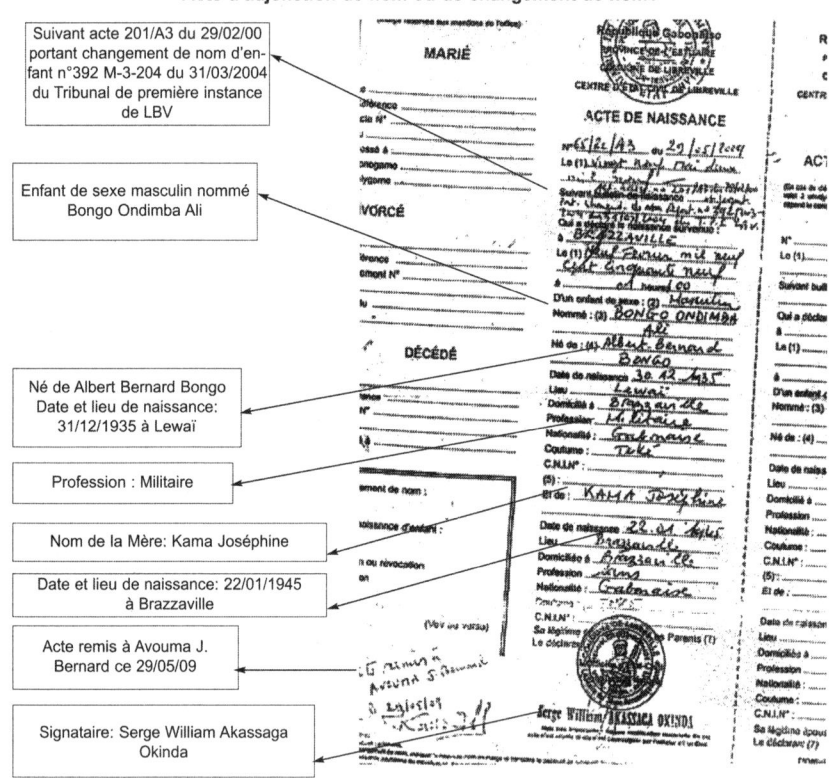

Monsieur Luc BENGONO NSI   Libreville, 23 Mai 2011
B.P. 1265
Libreville

> Monsieur le Procureur de la
> République près le Tribunal de
> Grande Instance
> Libreville

Objet : Plainte pour usage de faux
        Avec constitution de partie civile

Monsieur le Procureur,

Nous venons par la présente porter plainte contre X, pour usage d'un faux acte de naissance.

Je le fais d'abord comme ancien candidat à l'élection présidentielle 2009 au cours de laquelle ledit acte a servi à l'un des candidats pour son dossier de candidature à cette élection. Je le fais ensuite comme citoyen gabonais soucieux du respect des lois de notre pays. D'autres compatriotes, dont la liste est jointe en annexe, se sont associés à cette démarche au même titre.

En effet, l'acte de naissance querellé est établi le **29 mai 2009** par la mairie du troisième arrondissement de Libreville pour une naissance survenue le **9 février 1959** à Brazzaville.

Or, cette naissance aurait dû être constatée par un acte de naissance délivré à Brazzaville. Cette ville qui était la capitale de l'Afrique Equatoriale française(AEF) disposait de toutes les structures nécessaires aux déclarations de naissances. Si les parents et les autorités médicales devant constater l'accouchement s'étaient montrés négligents pour déclarer la naissance dans les trois jours, délai légal de l'article 55 du Code civil français en vigueur en AEF, un jugement supplétif d'acte de naissance rendu par le tribunal civil du lieu de naissance aurait pallié utilement la carence. Se faire établir cette pièce d'état civil, qui atteste de la naissance à la vie juridique d'une personne physique et qui est toujours demandé à chaque étape de sa vie civile et civique, cinquante ans après sa naissance augure du faux.

Ensuite, un jugement portant adjonction de nom ne peut tenir lieu d'acte de naissance ou de jugement supplétif d'acte de naissance. La mention du changement ou de l'adjonction de nom est faite par transcription en marge de l'acte de naissance originaire.

Selon l'article **163** du Code civil, cette transcription aurait dû être faite, pour des naissances s'étant déroulées à l'étranger, par la mairie du premier arrondissement de Libreville.

Par ailleurs les mentions internes à l'acte de naissance querellées sont fausses. Le nom de l'enfant ne pouvait être Bongo Ondimba Ali à sa naissance puisqu'il a été connu sous un autre nom comme l'a indiqué sa mère lors de son audition devant la Cour constitutionnelle. Ensuite, son père ne s'appelait pas Albert-Bernard Bongo à l'époque de la naissance présumée de son fils.

Tout cela permet de dire que l'acte de naissance querellé est un faux et qu'il doit être puni conformément aux articles **118** et **120** du Code pénal

Veuillez agréer, Monsieur le Procureur, l'assurance de notre parfaite considération

Luc Bengono Nsi

Locales 2013: des duels à hargnes...égales

Pp. 4 et 5

Des ordonnances de paiement clandestines au Budget

P. 3

Montée en puissance des indépendants UN

Ali à Boukoubi:

La Une

launeinfo@yahoo.fr

"La peur du fantôme m'habite"

Le Satirique d'information, de débat et d'investigation

6ème ANNÉE - N°101 lundi 4 novembre 2013 - **500 FCFA**   Zone CFA 600 - Europe 2 € - Reste du monde 2 $ U

En vedette dans le nouveau brûlot de Pierre Péan

Accrombessi est «mort». Aïe!

DU VENT, DES JEUX, DE LA LUXURE

4 ans qu'Ali ben Bongo joue « au président ». Mais, contrairement aux autres enfants qui jouent « au docteur », au « policier » ou à la poupée, le putschiste du 30 août 2009, lui, a choisi de jouer avec notre pays. Pour lui, le Gabon est une sorte de Monopoly plus vrai que nature où il peut, sans compter, dépenser autant qu'il veut. Pour notre malheur, depuis 4 ans, il ne fait que ça : dépenser, gaspiller l'argent du pays pour nourrir ses fantasmes d'éternel adolescent. Evidemment, son bilan à la tête de l'Etat-Bongo/PDG est tout simplement affligeant. Nul ! Même ses thuriféraires les plus imaginatifs ne peuvent, à ce jour, présenter la moindre réalisation de leur champion.

En 4 ans, le bilan d'Ali ben Bongo se résume très rapidement en quelques mots : des chantiers interminables, des maquettes et du bruit - beaucoup de bruit pour combler le vide. Avec ça, le petit Bongo nous assure que le 1er janvier 2026, nous nous réveillerons dans un pays émergent. Avec des autoroutes partout, une couverture médicale

performante, un système éducatif de pointe, des emplois et des logements pour tout le monde, des usines, des ports, des aéroports de dernière génération…

Mais en attendant que cette belle promesse – comme toutes belles promesses – ne rejoigne le cimetière des mensonges que les Bongo nous servent depuis plus de 46 ans, regardons en face la réalité qui est là. Sous nos yeux. Implacable. Libreville, la capitale d'un futur « pays émergent » est une gigantesque poubelle à ciel ouvert. Avec ses trottoirs jonchés d'ordures, ses égouts débordant d'immondices et d'eaux usées, ses marchés sauvages qui poussent comme des champignons, c'est certainement l'une des villes les plus sales au monde. Il paraît que la solution, d'après le gouvernement de l'inutile Ndong Sima, c'est de créer une « police » des poubelles. Une telle bouffonnerie, faut-il en rire ou en pleurer ? En tout cas, c'est comme ça depuis 4 ans : des projets fumeux, des annonces qui repoussent sans cesse les limites du ridicule, une kyrielle de promesses sans lendemain, etc. Ainsi, par exemple, à

la place du SMIG mensuel à 150 000 francs CFA, des 5000 logements par an, de la « sécurité pour tous » ou encore de la « République exemplaire », les Gabonais ont eu droit à des courses de bateaux, des matches de football de prestige, des exhibitions pornographiques en public.

En 4 ans, le roi fainéant a fait la démonstration de son incompétence, de son insouciance et de son attirance pour les futilités. Dommage que l'on ne soit ni en Afrique du Sud ni aux Etats-Unis, où le mandat présidentiel dure 4 ans. On aurait déjà envoyé Ali ben Bongo rejoindre les Mobutu, Eyadema, Bokassa ou Idi Amin Dada au Panthéon des dictateurs. Mieux, il serait certainement en train de rendre des comptes devant une juridiction nationale ou internationale pour les nombreux crimes rituels qui ont jalonné son mandat, les détournements massifs de fonds publics perpétrés par son gang, les multiples assassinats qui ont suivi son coup d'état électoral… Mais ce n'est que partie remise, car qu'il le veuille ou non, Ali ben Bongo sera rattrapé par son bilan.

Gildas Ngouoni

LE BILAN DIPLOMATIQUE DES 4 ANS D'ALI

Sur les traces d'AMO

DÉCIDÉMENT, le président élu, André Mba Obame (AMO), continue de hanter les courtes nuits de l'usurpateur qui trône au palais présidentiel depuis 2009.

Comme ' en 2011, lorsque AMO était allé se faire opérer en Afrique du Sud, récemment, les services spéciaux gabonais ont envoyé, pendant près d'un mois, des agents en Europe, en Ethiopie et dans certains pays africains. Objectif : aller sur les traces d'AMO dont on avait annoncé le départ du Gabon. France,

Espagne, Allemagne, Bénin, Cameroun…, les pieds nickelés des Services d'Ali Baba ont cherché AMO partout, sauf là où il était véritablement, c'est-à-dire…chez lui, à Libreville.

Ironie de l'histoire, c'est quand nos braves vadrouilleurs sont ren-

trés bredouilles – mais certainement après avoir fait quelques courses et honoré d'aimables péripatéticiennes – que le président s'est envolé pour l'Europe.

La prochaine fois, demandez à « Franck » Banga d'aller nous voir!

ECHOS *DU NORD*

Hebdomadaire Gabonais d'informations paraissant le Lundi. 9ᵉ année

"Change. Believe"
Barack Obama

N° 230 du Lundi 28 Avril 2014. Prix : 600 FCFA

Entretien exclusif

«Je suis né au Gabon. Je ne suis pas né au Congo ou ailleurs...»

Lire en page 3, 4, 5 & 6

LETTRE AU GOUVERNEUR DU WOLEU-NTEM

Monsieur le Gouverneur,

J'imagine que vous me traiterez de tous les noms d'oiseaux lorsque vous lirez cette lettre qui vient mettre à nu le comportement déviant que vous affichez dans la province du Woleu-Ntem, où vous êtes en fonction depuis bientôt une décennie déjà. Je ne serai donc pas étonné que vous sortiez de vos gonds. Le fait d'y exposer vos tares ne peut que vous hérisser. «*Le buffle qui a une plaie au dos craint que le corbeau s'y pose* », disait mon grand-père.

Comment rester motus et bouche cousue devant vos agissements rétrogrades ? Vous vous considérez comme un potentat au Woleu-Ntem. C'est ainsi que vous vous êtes permis de boycotter les obsèques de Grégory Ngbwa Mintsa. Vous avez catégoriquement refusé que la population d'Oyem rende hommage à ce brave fils du pays à la faveur d'une cérémonie prévue à la place de l'Indépendance. Vous auriez agi de la sorte parce que le défunt n'était pas un valet du régime. Je crois que vous confondez les époques. Ressaisissiez-vous vite. Mon aïeul disait : « *Si tu tombes dans le feu, ne te roule pas dedans.* »

Le Woleu-Ntem appartient à tous les Gabonais. Si les opposants et la société civile ont décidé de rendre hommage à leur héros, il fallait tout simplement canaliser la manifestation en déployant les forces de sécurité et défense. Cela ne devrait pas vous enlever votre costume plissé de petit gouverneur. Vous avez fait dans l'excès de zèle pour bien vous faire voir par les plus hautes autorités. Ce ne sont pas des comportements qui honorent notre pays. Dans un pays sérieux, le ministre de l'Intérieur vous aurait déjà limogé. Vous avez la chance d'appartenir à un régime qui aime les guignols.

(suite en page 2)

Pierre Amoughe Mba, ancien maire adjoint de la commune de Libreville, ancien sénateur, ancien ministre de la Culture et du Contrôle d'Etat, fera une déclaration au Collège Ntchorrerret, le samedi 3 mai à partir de 14 heures. Cet homme fut, à l'époque du Rassemblement national des bûcherons, l'oreille la plus attentive de Paul Mba Abessole, au point que d'aucuns ont souvent fait admettre, certainement à bon escient, la thèse selon laquelle qu'il était le stratège et concepteur de l'action politique de Paul Mba Abessole. Le potentiel de cet homme est inouï au point qu'il avait réussi à concentrer l'essentiel de la bataille du RNB dans un canard appelé « Le Bûcheron ». Dans les années 90, il n'y a pas une corporation de travailleurs ou d'étudiants, de conseillers d'hommes politiques de divers partis de l'opposition, voire de présidents de ces partis qui n'aient sollicité Pierre Amoughe Mba à cette période. Des dessous de la politique gabonaise depuis la présidence de la République jusqu'à l'opposition, il en sait long. Une archive vivante, ce d'autant qu'il fut, sous Bongo et au temps du parti unique, responsable des archives de la République. Qu'est-ce qui amènerait cet homme discret, à la voix fluette, à sortir du bois pour se mettre sous les feux des projecteurs, lui qui a choisi pendant des décennies d'opérer dans l'ombre ?

Gabon Indépendance

Le personnel broie du noir

Les fonctionnaires affectés à Gabon Indépendance sont dans tous leurs états. Les intéressés n'ont rien perçu en termes d'indemnités malgré une subvention près de 200 millions de Fcfa, affectée par l'Etat à cette structure au titre de l'exercice budgétaire 2013. Pendant ce temps, la hiérarchie de cet établissement public donne l'impression de vouloir d'abord s'occuper d'elle-même en améliorant son ordinaire, par l'achat de véhicules de fonction. Entretemps, les fonctionnaires affectés à cette unité ne disposent d'aucun moyen de locomotion et ne perçoivent aucune indemnités. Mieux, les recrutements sont légion et sans forcément que cela corresponde à l'urgence du moment.

Le ministère de l'Intérieur doit se pencher sur cette structure, afin de forcer ses dirigeants à mieux utiliser les ressources publiques mises à leur disposition. (Nous y reviendrons)

«...Il vaut mieux être gouverné par un mauvais gouvernement de chez soi que par un bon gouvernement de l'étranger.»

(suite de la page 5)

On agit comme si le Gabon, notre pays à tous, le pays de nos ancêtres, était devenu la propriété privée de quelques-uns ; comme si le budget de l'État était leur caisse noire. Mais croyez-vous que ça durera longtemps comme ça, au 21e siècle ? Impossible ! La petite poignée d'apatrides violents et arrogants qui ont pris le président en otage sont dans une bulle, coupée de toute la réalité. Mais on n'est plus au Moyen Âge. Diantre ! Il faut donc mettre le holà ! Dire halte à cette tragi-comédie. La seule alternative qui vaille, c'est l'instauration de l'État de droit et la pratique de la bonne gouvernance politique et démocratique ainsi que la bonne gouvernance économique, avec des institutions juridiques fortes et indépendantes animées par des responsables intègres et respectés.

Les francs-maçons dans le monde entier ont été à l'origine des progrès sociaux. L'abolition de l'esclavage, la fin de la colonisation, l'école obligatoire jusqu'à 16 ans en France, la dépénalisation de l'avortement ou l'abolition de la peine de mort sont autant de sujets qui ont été portés par des maçons. Au Gabon, l'appartenance de l'élite du pays à ces obédiences n'a pas permis au Gabon d'en tirer profit en termes de développement. Le Gabon excelle plutôt dans l'obscurantisme avec comme point d'orgue

les crimes rituels. Comment expliquez-vous cette situation ?

Oui, c'est vrai que l'histoire nous apprend que les francs-maçons ont été dans le reste du monde, et notamment en Europe et en Amérique, à l'origine du progrès, de la liberté, de la modernité et du grand mouvement des Lumières qui a révolutionné le monde. Mais chez nous, ils sont perçus, au contraire, comme des adeptes de l'obscurantisme, de la sorcellerie, du vaudou, de l'opportunisme et de l'arrivisme.

Quel pataquès !

Votre mot de la fin : « Le Titanic »

Le Gabon, notre chère patrie, ressemble de plus en plus à ce tristement célèbre paquebot anglais le « Titanic », qui sombra dans la nuit du 14 au 15 avril 1912 au large de Terre-Neuve. Nous sommes en train de foncer tout droit vers un iceberg tandis que l'équipage, composé de profiteurs incompétents et d'un capitaine frappé de myopie, pris en

otage, sable le champagne, danse la samba brésilienne, se livre à des orgies et mystifie le peuple. Il est de notre devoir à tous, famille ou pas famille, Altogovéens ou pas Altogovéens, Gabonais d'origine ou Gabonais d'adoption, de stopper ça. Retenez tout simplement que l'on peut tromper le peuple une fois, qu'on peut même le tromper mille fois, mais on ne peut pas le tromper tout le temps. *Misu bala ! Yetu dimossi !*

FAITS DIVERS

Assassinat

Le corps d'un garçonnet retrouvé dans une voiture à Gamba
P2

Sorcellerie

Dougassou, le village mystérieux
P4

Hebdomadaire Gabonais d'information. N° 12 du Vendredi 25 Avril 2014 - 1re Année - Prix unique: 600 F CFA

Tentative d'assassinat

LE BOUCHER DE MOUKABO

Mœurs
Un violeur en série au PK 9
P.5

Mort suspecte
Mystère autour de la mort d'un jeune homme
P.6

Mœurs
La sextape, un outil de marketing et une arme de vengeance
P.7

Alain-Fabrice Gueoma, 32 ans, est un véritable monstre froid. Dans la nuit du 28 au 29 mars dernier, il a mutilé, à la machette, une jeune fille de 18 ans, Zita Boussoyi, à Moukabo, regroupement de villages situé à 18 kilomètres de Mouila, le chef-lieu de la province de la Ngounié (sud du Gabon). Il l'avait surprise dans sa chambre vers 23 heures, au moment où elle était déjà alitée. Il s'était soudainement mis à lui asséner des coups de machette à la tête et aux bras, avant de lui sectionner les doigts de la main gauche. Après son acte criminel, Gueoma s'était évanoui dans la nature. Près d'un mois après les faits, il a été rattrapé par la brigade centre de gendarmerie de Mouila. Quant à la victime, elle suit encore des soins intensifs à l'hôpital de Bongolo
(Lire en page 3)

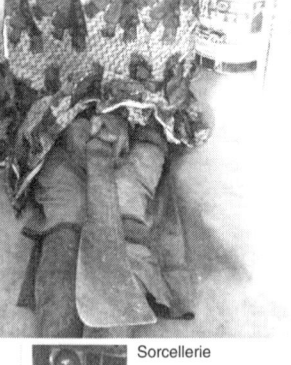

Mœurs
Il faisait des délivrances par des attouchements sexuels
P 2

Sorcellerie
Des fétiches retrouvés dans une maison à Akébé-Poteau
P4

FAITS DIVERS Vendredi 25 avril 2014

4

Sorcellerie

Dougassou, le village mystérieux

Jonas MOULENDA
Envoyé spécial

DANS notre pays, les principales valeurs restent la famille et la tradition. Dans le cadre de la tradition, la sorcellerie, science occulte, tient parfois une place de choix dans la vie de la population. C'est le cas de Dougassou, petit village perdu dans les lointaines terres de la province de la Nyanga, à 25 km de Moabi, le chef-lieu de la Douigny (sud du pays.)

A cause d'une grande présence mystique, la population est composée en majorité de vieillards. Ceux-ci se livrent chaque jour une véritable bataille spirituelle afin de s'approprier le maximum possible de terres, véritable signe de richesse. Selon nos informations, il y avait beaucoup de jeunes admirés de tous. Travailleurs acharnés, ils entretenaient alors les vastes plantations de leur père, tout en poursuivant leurs études au lycée de la ville de Moabi, à une vingtaine de kilomètres de là.

Ils avaient malheureusement un petit groupe de jeunes vieillards, craints dans le village, à cause de leur pratique de la sorcellerie et qui convoitaient par la même occasion les terres familiales. En 2012, à-t-on appris, un jeune homme d'une vingtaine d'années, nommé Mouloungui, a brusquement disparu du village alors qu'il n'était pas allé en

Le village théâtre du mysticisme

brousse. Pour lever le voile sur ce mystère, une voyante nommée Mboumba Boussiengou a été mise à contribution par la famille du jeune homme.

Lors d'une séance de voyance, la mère spirituelle a été déporté à Diwanga (village de fantômes) et était gardé en captivité par une armée de fantômes au service d'un vieux du village, le nommé J-F I.M., aujourd'hui décédé. Indexé par l'ensemble du village, le sorcier a avoué disposer de toute une armée de fantômes, parmi lesquels celui de son fils qu'il aurait tué parce

qu'ayant refusé de lui donner la tête d'un sanglier. Il a également déclaré qu'il avait tué sa mère parce qu'elle ne lui avait pas donné le paquet de petits poissons surnommés "goujons" et que le fantôme de la défunte faisait partie de son armée mystique.

HELICOPTERE INVI-SIBLE. Après le rituel destiné à faire revenir Mouloungui, un bruit d'hélicoptère invisible atterrissant au village a rompu le silence du matin. D'après nos informations, les villageois ont beau écarquiller les yeux, ils n'ont pas vu le fameux hélicoptère. Seul le bruit de son

moteur était perceptible. Après le décollage du mystérieux appareil volant, Mouloungui, libéré de l'étreinte des fantômes, a été retrouvé dans une pièce de la maison. Le jeune homme ne s'était pas privé de raconter sa mésaventure aux siens.

Les mystères se sont multipliés à Dougassou, suscitant ainsi la méfiance des visiteurs et des enfants vivant en ville. Dernièrement, les enseignants affectés dans le village ont déserté l'école. Ils y ont trouvé des mares de sang partout. A en croire une source proche du tribunal de Tchibanga, un vieux du village, Théophile Bouanda, a

ressortissants de Dougassou restent très imprégnés de la crainte des activités meurtrières prêtées à des sociétés secrètes de sorciers mangeurs d'âmes. C'est une peur qui est d'ailleurs partagée par presque tous les natifs de cette bourgade. Excepté dans le cas où la cause de la mort est évidente, personnes très âgées ou meurtre, le décès y est souvent considéré comme le résultat d'une conjuration à caractère magique. Quand un homme meurt dans un accident de voiture, quand un enfant se noie ou qu'un vieil homme décédé d'une crise cardiaque, la déduction est vite faite : il s'agit d'un sortilège.

La cause de ces décès atypiques est souvent attribuée à un meurtre mystique qui aurait été perpétré lors d'un repas de sorciers mangeurs d'âmes. Un parent est souvent suspecté, ce qui est une source de discorde dans les familles, les communautés et même parmi les ressortissants du village vivant en ville.

A Dougassou, comme dans beaucoup de bourgades du sud du pays, les sorciers sont censés se partager l'âme de leur victime qu'il faisait partie de la grande association de malfaiteurs, composés d'une dizaine de sorciers du village, qui rivalisaient de talents mystiques et qui disposaient d'une feuille pour faire disparaître leurs voisins.

Aujourd'hui, de nombreux

été indexé par une sommité spirituelle comme étant à l'origine de ce mystère.

Cuisiné, il est finalement passé aux aveux, indiquant que c'est l'un de ses fantômes qui avait esquivé un poste de contrôle mystique situé au pont du village, qui avait livré un combat mystique sanglant dans l'enceinte de l'école. Il a déclaré

famille encore vivant. Soupçonner son oncle ou son cousin d'avoir assassiné son père ou sa mère au sorcellerie est donc le lot de beaucoup de familles dans ce village situé aux confins du pays.

Sorcellerie

Des fétiches retrouvés dans une maison à Akébé-Poteau

Emmanuel ÉBANG MVE

DES gris-gris, soigneusement attachés avec du fil noir dans un tissu de même couleur, ont été extraits, hier, en fin d'après-midi, dans une maison à Akébé-Poteau, par un maître spirituel, André Ella Ella, alias « International A ».

Ces amulettes étaient composées, entre autres, de la tête de la vipère, les mâchoires du python, la tête du hibou, les scorpions, six pièces de 25 frs, un slip, deux chauves-souris, des asticots vivants, un caméléon, une douille d'une balle, une hameçon, une corde avec dix nœuds, un cadenas, etc.

Tout cet arsenal maléfique a été retrouvé dans le plafond de la maison de Rosette B., retraitée des forces de police nationale, la soixantaine révolue. A en croire le maître exorciste, ces fétiches avaient été placés dans le pla-

Le maître spirituel...   ...et les fétiches extraits

fond de la chambre de la sexagénaire, pour rendre ses nuits cauchemardesques et sa vie difficile.

Cette pratique de grande

sorcellerie proviendrait de ses ennemis, avec la complicité de ses proches parents, qui en veulent à l'ancienne policière. La sexagénaire a expli-

qué que, depuis 2003, année de son départ à la retraite, elle n'avait jamais eu un sommeil du juste, dans sa nouvelle maison dont elle venait de

terminer les travaux.

Elle n'y arrivait pas à fermer l'œil. Car, « la nuit, dès que je tentais de m'allonger dans ma chambre, j'entendais des bruits et des cris peu habituels dans le plafond. Je restais éveillée toute la nuit pour voir ce qui allait se passer », a soutenu, au bord des larmes, la dame.

Avant d'ajouter qu' « il m'est arrivé plusieurs fois de voir des fantômes au couloir et dans les chambres. Des gens que je ne reconnaissais pas, et qui disparaissaient devant moi. De même, parfois je retrouvais de la lumière le matin, dans des chambres inoccupées ».

Un témoignage qui a donné quelques frissons, et laissé penser que dame Rosette B., partageait sa résidence avec les forces du mal. Car, sa maison était hantée. Une thèse que cette chrétienne engagée avait du mal à croire, jusqu'au jour où, en séjour à Libreville, son dernier fils l'a

conseillé de voir un prêtre exorciste, pour aller s'enquérir de la situation de la maison.

Un conseil suivi à la lettre par la vieille dame. Elle a contacté tour à tour un prêtre exorciste, des marabouts, bwitistes et autres tradi-thérapeutes, sans trouver de solution. Au contraire, la maison devenait de plus en plus invivable la nuit tombée.

Et, sur la base d'un récent article du journal « Faits Divers », la sexagénaire a pris attache avec le maître spirituel « International », qui a finalement révélé au cours d'une séance de voyance, l'origine exacte de ses nuits blanches et de ses déboires.

Résolue à retrouver la paix dans sa maison, dame B a invité le « ngangu » à son domicile pour y extraire l'arsenal maléfique. D'où la séance d'exorcisme, d'hier, qui aura durée une quinzaine de minutes seulement.

Table des matières

Composition et mise en pages
Nord Compo à Villeneuve-d'Ascq

Fayard s'engage pour l'environnement en réduisant l'empreinte carbone de ses livres. Celle de cet exemplaire est de :

0,950 kg éq. CO_2

Rendez-vous sur www.fayard-durable.fr

PAPIER À BASE DE FIBRES CERTIFIÉES

34-57-6673-3/01
Dépôt légal: octobre 2014
Imprimé en Espagne